U0894677

自爱，是从生活中一点一滴开始，从喝好一杯水，吃好一顿饭，善待自己开始。

没有人能独自存活，我们不过是彼此的镜子。

我们没有能力改变谁，我们只能先调校自己。

沉默是一种力量，它能让默契发生。

情绪是乱了的气，像敏感打喷嚏一样，它是会离开的，离开后它就不是你。

人不是单独地活，生命不只为自己。

人生最大的成就，莫过于能少为别人添麻烦，少为地球添垃圾。

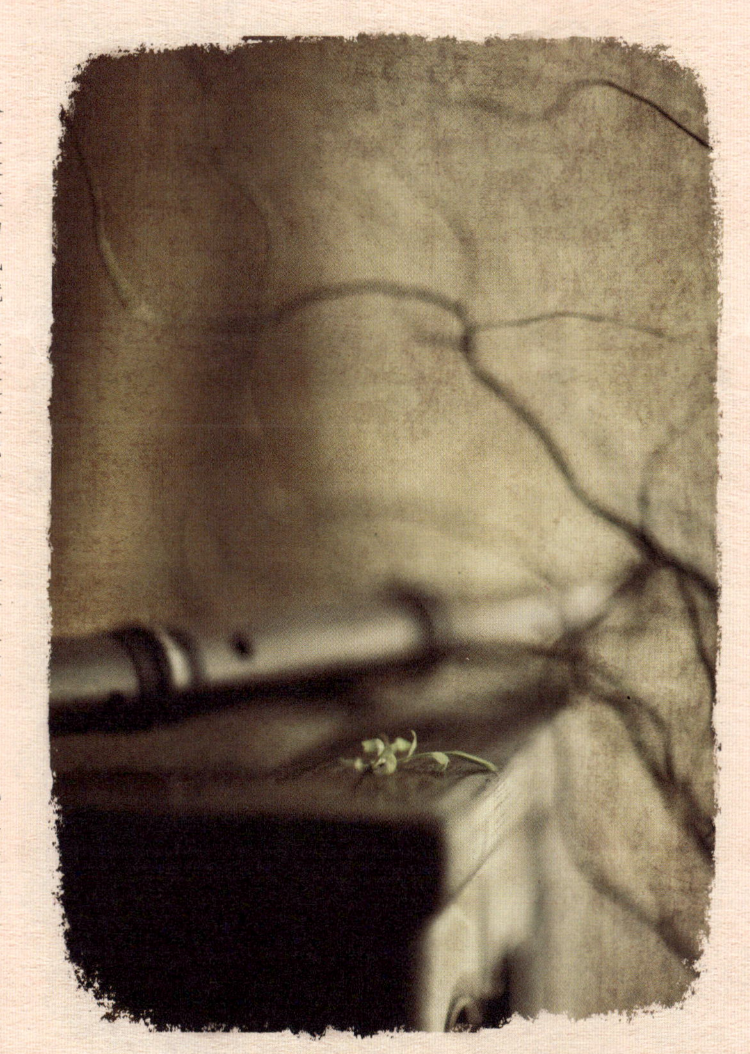

爱不只是在灵性的层面，它更多是在日常生活中体现。

将注意力集中在一杯水上，把分散的心回归一点到专注上，

养生便不只是杯里的水，而是你的心。

我们每天制造太多语言垃圾，假装在对话，其实在独白。

别只追求心理式的自我了解，对自己的身体无知，比对事情无知的影响更大，因为你连自己是谁、活成怎样也不清楚。

答应自己，无论发生什么，也对自己不离不弃，

不找任何借口终止自爱。

先做个合格的人，才有能力去爱。

种子播下了，每人长出一棵树，一起便成生命林。

站高一点，极目张看，没有自己，只有一起。

爱很具体，
从喝好一杯水开始。

# 爱在136.1

素黑

CNS PUBLISHING & MEDIA 湖南文艺出版社
HUNAN LITERATURE AND ART PUBLISHING HOUSE
博集天卷 CS-BOOKY

# 目录

## 自序



## 前言



## 壹 为自爱做准备

## 检阅自己



## 自我管理

## 从修养自爱到大爱

# 自序

# 没有自己，只有一起

这本书是写给认真想学习自爱、重组生命和重新上路的人。

这本书的内容是针对希望活得更好，或者生命遇上难关，希望自疗的人而写。

假如你暂时没有这些需要，请放下这书，多留点时间做运动，陪伴你爱和爱你的人，因为大概你已有幸懂得去爱，或者还未准备好上路。

这本书也写给疗愈工作者，为更好地装备自己，分享正能量。

## 为何我要写爱

我写过的书，题材都跟爱有关。谈爱和自爱的目的不是情感道德，也不是因为爱。

爱不用多谈，你可以研究，可以相信，但更重要的是，你要践行和体验它。

**我的写作目的很清晰，就是为疗愈。**疗愈什么？疗愈**人性的三大核心弱点：思绪混乱、贪欲和懒惰**，三者能制造大量的不安和伤害，流失安全感。

这些毛病令人活在不稳定的状态，包括情绪、思想、行为和健康等，无可避免地也影响着身边的人。

我不想谈哲学，我想谈实际的事。

我写的不是男女关系，不是爱情，也不只是爱，这些都不是最重要的，虽然都重要。我最关心的不是爱与不爱，而是人如何能调校自己和别人、和世界的关系，避免带来负面后遗症。我们要正视这后遗症的责任问题，因为这世界不只有你一个人。假如世界就像小行星B-612，只有小王子一人，那他要做什么也没所谓，不过小王子的行星还有一朵玫瑰，因为有了这朵玫瑰，小王子的人生不再一样，他需要关心玫瑰的感受，照顾玫瑰，学习爱和成长。

**三岁以后，我们都没有权利任性或自私，只想到满足自己。**你必须成长并对自己的言、行、想负责任，因为别人需要消耗他们的能量和地球资源去配合、成全或纠正你的任性，你不能变相剥削别人，逃避正视自己的问题。这是必须的道德。我们要先认同一个不容被质疑、大家都能达至共识的基本道德，那就是我们不能乱来，不能只做自己喜欢的事而不顾及别人的感受或基本人权和利益。这是一个拥有良知的社会的核心价值。

我们需要对自己和别人负责任。自爱的终极目的不只是为自己，也是为身边的人，为社会和地球。

自爱，是为更大的爱准备自己。

## 觉醒地活着

这本书的内容是我过去两年，在全国各地巡回演讲的部分精华，重点如下：

情绪是记忆，在能量下滑时侵袭我们，让情绪爆发。管理情绪，先别让自己那么累，明白勾起不安是因为执着于过去的记忆。

人的烦恼在于拥有太多而不知真正需要什么，不晓得珍惜而制造大量浪费，包括金钱、青春、情感、时间等。我们要学懂清理自己，修养生命。

别陷入受害者的思想牢笼，也别旨在成为拯救者，在还未整理好、清理好自己前，**别逞强要去帮助其他人，堕入滥发爱心和消费慈悲的陷阱。**

**我们每天制造太多语言垃圾，假装在对话，其实在独白。**到底我们为何要浪费时间和精力关注别人，转发废话，等待被关注？带爱的关系、真正的沟通，不能通过废话来建立。

让最简单的事物逗你开心，追求感动生命的傻事，不靠消费，不用花钱，返回纯粹的心去靠近人，靠近爱，你的心自会变软，提升温度和人情味。

**自爱，是从生活中一点一滴开始，从喝好一杯水，吃好一顿饭，善待自己开始，坚持不浪费。**学懂照顾、聆听自己和别人。**没有人能独自存活，我们不过是彼此的镜子。**

**人生最大的成就，莫过于能少为别人添麻烦，少为地球添垃圾。**

我没有宗教信仰，也没追随新纪元的身心灵玩意，别问我或跟我讨论关于灵性、修行、禅修、觉悟等内容。你们也要先问自己为何更关心这些而不是自己久积的便秘问题。我关心的是在生活上的种种具体环节，如何照顾好、调养好，增加爱和幸福，减少破坏或伤害，先踏实地做好一个人。能做好最基本的事，已是最高的修行。

**我不在乎爱到底是什么，我只在乎如何活得光明正大、问心无愧。**

宗萨钦哲仁波切说："'禅修'这个名词已经被滥用。我们应该把这个名词改成'活着'。因为无论三分钟、五分钟，在禅修的那段时间里，你在活着，你是有意识的、活着的。目前，我们基本上是行尸走肉。当我们喝茶时，我们在想着别的事；当我们看着美丽的树木时，我们注意不到绿茵美景。"

有意思。

觉醒地活着才是重点。当你眼睛没看，耳朵没听，感官没打开，离开了活着最基本的细节时，你到底在禅什么修！先从喝好一杯水开始，活好吧。

# 活着的奥秘

曾经收过一位读者的电邮，那时她很否定我，跟我争拗。事隔多年，她再度找我，分享她的心灵成长历程：“从知道你、接触你、了解你、半迷信你、否定你，我不断地认识自己，放下自我。从以前我向你提出挑战性、幼稚的问题，到现在完全看懂并领悟你书里的含意，领悟生活中的许多东西。大概六年的时间，我存在的每一秒都在感知成长，见证了自己的进步。感谢你点透了连我自己都没清醒、没了解的灵性和悟性，帮助我开启了自己。尽管我仍只是在修行道路的始端，我感谢世上的每一点滴。”

写作二十多年，这样走过来的读者，不只她一个。

我们都是这样一点一滴长大的。

成长是过程，路途上会走歪、走丢、无助、不安、质疑、反叛、抗衡、自虐、赌气、自私、恐惧、自大、伤害、求助、绝望、不甘、放弃、再来、落泪、欢笑、喜悦、忘形、生离、死别、去爱、被爱……每个人都要经历，亲身上路，不能借用谁的光阴谁的腿。走到哪里，原是各自的缘分和修行。莫辨谁对谁错，没有谁不影响谁，只有感染彼此的能量。是共识，是分歧，也是共享的时光。

懂得感恩，欣赏微妙的缘与分，总比高处不胜寒暖心。相争过、相交过、浪流过、缱绻过，生命随风碰撞，一念见夕阳，转瞬已一生。

**种子播下了，每人长出一棵树，一起便成生命林。站高一点，极目张看，没有自己，只有一起。这是活着的奥秘。**

这是我写得最难过也最安慰的一本书。

谨把此书献给我已辞世的最爱。

素黑

2013年4月于香港

阅读这本书有两种建议的方法，一是依从全书的结构脉络，从前言开始逐章读下去；二是从目录中挑选对应于你目前状况的章节开始细读，帮助发现和处理自己的问题。但并不鼓励像阅读我的心语系列作品那样，从随便抽一页开始，因为这书的结构本身也是训练以清晰思维有序地学习观看自己的方法。祝阅途愉快。

○　○　○

# 前言

# 你为何问“爱是什么”

我们问了几千年这个问题，不过是反映我们活得有多混乱和糊涂，还没有找到情感的落脚点和人生的智慧。

爱是什么？

耶稣如何讲述爱？柏拉图式的爱是什么？佛陀有提过爱这个字吗？奥修叫人怎样去爱？村上春树有写过爱是什么吗？尼采也写过爱你知道吗？《爱的教育》真的教你如何去爱吗？钻石广告如何定义爱？王家卫的《阿飞正传》是关于爱的电影吗？你一生问过多少次他有没有爱过你？上次分手时你或他有重新定义爱吗？

《婚礼进行曲》是否表达爱？《葬礼进行曲》是否表达爱？是婚礼还是葬礼传达的爱更多？

人未死，替自己搞生前葬礼，是想死还是爱自己？

你也许读过很多讲述爱的经典和伟论，换个角度，从小孩子眼中看爱是什么，也许能给你更单纯一点的启示。罗兰•克劳彻（Rowland Croucher）是一位澳大利亚牧师，他提过有一组专业人员向一群四到八岁的孩子做了一项有趣的调查，问了这个问题：“爱是什么？”搜集到的答案发人心省。以下是其中六位小孩的答案：

六岁的克里希：“爱就是当你外出吃饭时，你给了某个人自己大部分的薯条，而不介意他是否也给你。”他谈的是能不求回报地分享就是爱。

七岁的丹尼："爱就是我妈妈给爸爸泡咖啡，在给他前先尝一口，看看味道是否还可以。"他谈的是细心照顾就是爱。

四岁的特里："爱就是在你累的时候让你笑起来的东西。"他谈的是能带给你心灵安慰的就是爱。

七岁的诺艾尔："爱就是当你告诉一个男孩你喜欢他的衬衫，他就每天都穿着它。"他谈的是被接受和赞赏后扬扬自得的感觉就是爱。

四岁的玛丽安："爱就是你一整天扔下你的小狗狗不管，而它却仍然舔你的脸的时候。"她谈的是无求无怨的包容就是爱。

六岁的妮卡："如果你想学着爱得更好，就应该从爱你所恨的人开始。"她谈的是很高层次的灵性修养，也许是学回来的道理，也许她前生是个修道的高人。

很多人都讲述过爱，千古以来有不同的版本和诠释。但我们对爱这课题还是欲罢不能地追问，寻找定义和智慧。这反映了什么？这反映了爱不是一个单纯的概念，它影响的范围远远超越一般知识和常态。它有它的方位，也有它的神秘，能容纳不同年代、文化、宗教、种族、年龄、阅历等不断地诠释和再创造。

换句话说，爱是属于不断被衍生和繁殖的课题，我们可以厘清它的客观方位，但它的面貌和成果，则由不同的人经营和经历而成。所以，最终它不可能有一个答案，**我们是为爱给予答案的主人，但这答案的目的不是其本身，而是带领我们由迷茫到深入，追问它到底为生命带来什么意义。**

**大部分人问爱是什么时，其实并不是需要定义它，找出它到底是什么，我们不过是借它来响应并希望解决人生当下某些困局和盲点，**譬如“为何我已那么努力了，还是令他痛苦？”“到底我是个什么样的人，为何能对最重视的人做出这种没人性的事？”“为何我对家人又爱又恨，想逃避但又不忍心离开呢？”“为何他要这样对我？”“我已付出了那么多，到底得到了什么？世上真有天理吗？”“到底他爱过我吗？”“为何我任何时候都很理性，就是在爱里会失控？”……

**爱是什么并不重要，重要的是它到底为何带给你那么多困苦和疑惑、烦恼和无助感。我们问了几千年这个问题，不过是反映我们活得有多混乱和糊涂，还没有找到情感的落脚点和人生的智慧。**

明白这个诡异的真相后，你再问爱是什么时，应该能看穿提问的那个自己正陷入何种困局中，尝试转移去问更能帮助你走出困局的、衍生性的自省问题。这正是自疗的方向。

即使我们不需要为爱建立绝对定义，也应通过明白关于爱的一些客观和道德特性，来导引行为和思想方向，不再问多余的、做多余的，徒添不切实际和毫无建树的愚笨行为，却粗疏地、幼稚地称之为爱。

○　○　○

# 爱的特性和原则

爱是优化生命的过程，它的大原则是让人活得更好，而非相反。

**爱是构成和滋养生命的元素，少了它你不会死，但难以延续优质的生命。**这是爱的基本特性。

**爱是优化生命的过程，它的大原则是让人活得更好，而非相反。**爱得要生要死的不是优质的爱，只能说是烂透的、毁灭性的爱，假如你还执着那“确实”是爱的话。

**爱不能也不应被简单地概括或界定。**为什么？因为它是一种感觉，而感觉是相当复杂的生化合成物。

**爱是一种感觉，是令人感到高度满足的情感反应。**一般如吃饱了、睡够了、被称赞等的满足感，我们不会界定那是爱，除非你是超级感性的文学家、追随灵性体验的狂热分子，抑或每时每刻都活在上帝光芒中的虔诚教徒。能诱发满足感的情感源头是在脑袋里掌管情感反应的脑边缘系统；能诱发高度满足感的情感源头则是心脏。这两个器官的配合，能构成复杂的情感反应，让身心产生变化，譬如四肢变柔软，心融化和感动，心情变得开朗和喜悦，眼睛充满神采和生命气息，步伐也轻盈多了，抵抗力也增强，生命充满了期待和希望，心里满载幸福感，也让你牵肠挂肚地思念和期盼等。这些奇妙的身心变化反映了你正处于爱的高度满足感中。**爱是一种能量信息，它呈现了我们的能量变化。**

感觉有多重层面，有身体上的物理感觉，心理上的隐性感觉，情感上的情志感觉等。爱是一种情感上的感觉，而人类的情感结构是非常复杂的，比其他进化的哺乳类动物的情感结构更复杂和深邃，因为人类比一般哺乳类动物多了一个能思考、辨别、制造意识的大脑皮层，俗称大脑。这个大脑和掌管情感的脑边缘系统是层层紧扣的亲密关系，令人类的情感可以细分为丝丝入扣的层面和层次，且能牵一发动全身，单一的情感变化能令其他相关的情感变阵，其变化的纤细程度无法依任何科学理论或度量单位得以全方位追踪或溯源。

譬如在“喜欢”这感觉上，我们能细分成不同的感觉层次，喜欢雪糕的感觉跟喜欢小动物的感觉并非同一层面；不同品牌的雪糕吃进嘴里给你的感觉也不一样；喜欢一个人更是截然不同的感觉程度和身心反应，而喜欢这个人跟喜欢那个人，在过去和现在，每刻都可以经历无常的变身。**因为人类能细分和链接不同层面和层次的情感反应，以致难以清楚地确定、追溯和解释不同的情感反应，在复杂的情感联结中到底是怎样产生的，滋味又如何。**譬如在爱的感动中，我们其实是同时动员了喜欢、怜惜、不舍、激动、不忍、慈悲、忧虑等等各种情感层面，每个层面又可分成不同的感觉层次，让它们交错联结而产生感动的反应，所以通常**越是深刻的爱的感动，越是难以言喻，无法具体和准确地表达或归纳，尤其是经历过岁月的沉淀和转化，爱到最后，千言万语，欲语还休，未语泪先流。**

爱是人类独有的情感特质，**它含有丰富的内容和变化多端的可能性，等待我们去发掘、发展和活现，最终爱是什么，你得到什么，感觉如何，原是由你独特的生命和经历来决定和完成的。在这意义上，爱并不可能也不应被绝对地界定。**

你可以单纯地从哲学、宗教、学术研究等角度去探究关于爱的诸多内容，也可以自由地为爱寻找学术上的定义，建立爱的本质论和道德伦理学，从生物学、进化论、心理学和心灵学等去为爱添加内容和意义，甚至从文学或感性的层面去包装爱，形容爱。这些都无伤大雅，也可训练清晰思维，丰富知识的欲求，或者纯粹为自我陶醉，制造浪漫感觉。**你必须清楚地知道建立爱的定义的目的和其功能范围是什么。**但这些并不必然地能带来爱的智慧，也不一定能帮助我们解决日常生活中因为“爱”带来的实实在在的问题，譬如沟通、感情、人伦、伤害、隐瞒、贪欲、自我了解、缺乏安全感等问题。

而我讨论爱的大原则，源自从对自疗和修养的关怀和目的出发，展开交流。

别以为你懂得爱。很少人教过我们如何去爱、爱应该是怎样的。我们需要通过学习和经历才能明白它、爱得好。毕竟，人生是不断学习的旅程。

**在爱中，我们需要学习的，是调校所发放和传递的爱的质量，避免因爱变成害。**这就是说，你到底能做什么，做了什么去付出爱、传达爱呢？你是否能确保所发放的爱的质量能优化生命，令人活得更好而不是相反呢？

我们对爱需要有要求，讲求优质，而非相反。否则，我们不过在浪费精力去制造大堆关于爱的理论、疑问或废物，没有实际地把它导向对生命更大的建树，这是没意义的，也不会为你带来任何正面的讯息和智能，去解决你的困局和迷思。你将持续问爱是什么，永远得不到答案，对解决问题毫无帮助，也无法实现“优化生命，让人活得更好而非相反”的大原则。

爱可以不过是缥缈的感觉或空谈的概念和理论，但要具体呈现出来，是需要配合呈现者适当的行动和心性条件的。这条件是：**我们需要先做好一个人，准备好自己做个有资格和能力发放和传递优质爱的人。**

我们可以通过具体的验证方法检测自己是否能做到，因为**在优化生命的前提下，爱是可以被衡量和度量的，它一点也不玄虚。**我们可以追踪和锁定它出现（或消失）的位置，这位置彰显在具体生活、自我管理和人际相处的微细层面上，而这些正是生命被优化的具体印证方位。关于如何能具体地呈现爱，正是全书往后篇章的要旨。

○　○　○

# 学会爱自己

“爱自己”的重点在哪里？我们都以为是“爱”，其实是“自己”。

自十八世纪个人主义和浪漫主义的兴起以降，以“我”为核心价值的观念如“自我”“自由”“自由恋爱”“自我实现”等抬头后，不少文化把“爱”这源于远古宗教的情感概念转移到自身，也渐渐形成“自爱”的概念。

二十世纪末在迎接水瓶座年代而崛起的新纪元运动，发展了“自爱”“自疗”“自愈”等概念，更因为跨越“西方”“白人”及“男性霸权”的非洲裔歌手惠特妮·休斯顿（Whitney Houston），以宏亮的女声，唱出了“学习自爱是最大的爱”的歌曲：*Greatest Love of All*，驱使我们达致一个隐约的共识，就是爱别人之前要先学习爱自己。我们被唤醒了爱自己的重要性，歌已唱出真理，原来最大的爱不再是上帝，不再是守在家里只爱子女和伴侣，更不是对社会对国家意识形态的爱，而是爱自己。

因为爱自己的观念被倡导了，于是有人会衍生思维对立的执着疑问，如“先爱自己后爱别人是否有矛盾？”“爱自己是否意味着自私？”关于由爱自己导生的问题，会在本书第二章“检阅自己”一节中“学懂问”部分里有详细阐释。我在这里先集中讨论“爱自己”这个观点。

当我们想到爱自己时，很容易便会想到爱自己需要做些什么，才能表达爱自己。爱自己是不是要做这样做那样呢？我们的关心点很容易会放在“爱自己到底是要做什么”上，却忽略了一个核心问题，也因为忽略了这个核心问题，往往令我们无法爱得好。

**“爱自己”的重点在哪里？我们多以为重点在“爱”，其实在“自己”。**

但到底“自己”是什么？

当我们不知道、不了解自己到底是什么样的时，我们如何能爱好这个“自己”呢？

那，到底“自己”是什么，或可以是什么？

我们都以为拥有一个完整的自己，其实我们忽略了，我们同时有很多个自己，原来自己是分裂的，在不同时间、场合和经历中，我们都表现或隐藏了不同的自己，我们同时活在不同的自己里。这些分裂的自己容易产生混乱状态，譬如我们有时会感到自我角色混乱，所以更难要求别人了解我们。这混乱令我们在人前人后、自己前后，呈现非一致、非统一的面目、想法、欲望和行为。

当你处于混乱、分裂状态时，你的爱和感受爱的能力也不可能稳定，难以保持高质量并令人感到舒服，也不能优化自己和别人的生命，令你和别人活得更好。

要做一个成熟、稳定的人，必须能处理好自己的混乱，即要懂得整合分裂的自己，令自己变得统一，人前人后也能呈现较归一的自己，包括在价值观、道德标准、心理质素上。你不用靠说谎、讨好、演戏、虚伪、委屈、纵容分裂来生活，来表现一个你、一个“自己”。能整合自己，做个稳定的人，才算是达到爱自己的条件。本书第一章和第二章将详细剖析这个课题。

○　○　○

## 爱的振频：136.1赫兹

原来优良的爱的质量，它是一个客观的振频，那是136.1赫兹。

**爱自己，很具体。**爱不应只是浪漫的形容词，如广告告诉你所谓爱是永恒、因为爱很美、不在乎天长地久之类。刚才说，在以优化生命为前提这层面上，爱是可以被衡量和度量的，它一点也不玄虚。

那衡量爱的准则是什么？我想先从物理科学的层面尝试给予一个量度爱的客观质量指标，即从“振频”（vibrational frequency）入手。这是最基本的衡量单位和方向。

**原来优良的爱的质量，它是一个客观的振频，那是136.1赫兹。**这是偏低频的物理振动频率。有振频便会产生声音。假如要以音乐上的音高（musical pitch）表示的话，它就是或极接近低音C#这个音。这是按地球环绕太阳行走一周即公转的速度所产生的振频计算出来的，它能和地球产生极优化的共振频（resonance）。在物理科学上，**共振能带来和谐、共鸣和强化能量的效果，亦是一种优化的效果。**

**有地球才有人，人必须先和他的根源即地球产生深度亲密、不可分割的依存关系，才能稳定、和谐地生存。而这亲密关系是优化生命的条件，这就是爱的原始基础。**在这爱的基础上，人才能发展其他层面的爱，包括人和自己、人与人之间、人与动物、人与大自然等等的亲密爱关系。简单地说，爱的产生必须扎根于人和地球的亲密共振能量，人必须先和地球“相爱”，才能有优质的能量发展其他爱。

奇妙的是，136.1赫兹或C#这个音，刚好正是古印度灵修者在冥想时发现人能和宇宙产生共振、和谐的一个音：OM。

印度的灵性大师能单靠冥想感应到这个神秘的音频。OM这个音能发出稳定、和谐、持续不断的振频，被古印度称为“永恒之音”“心灵的频率”，与宇宙的振频和谐共振，天人合一。其实我们对136.1赫兹或OM这个音并不陌生，自古以来印度教、佛教等宗教，都会通过唱诵这个音令身体和心灵和谐合一；你到某些现代瑜伽馆，老师也会教你在静坐冥想时唱诵这个音，令身心和谐愉悦。这个音也是印度音乐的基调音sadja，它能跟OM这永恒之音共振。现代印度灵修音乐也以能调到这个基调音作为作曲和灵修的标准。

科学地说，136.1赫兹或OM这个音能与地球产生和谐及平衡的共振；即说，它是能**令人跟地球和宇宙保持稳定、和谐的依存关系，不但能令生命不易灭亡，而且能确保生命能持续地进化的独特振频。**人活在地球上感到安全感和归属感，能积极地成长，发展创造力，其基本条件是因为地球能和太阳、宇宙共振和共融，产生稳定的能量，与人和谐地协调。以爱的大原则来定断的话，136.1赫兹和地球所产生的共振频能优化生命，令他们活得更好而非相反。**这个特定的共振频，我们可以称之为“爱”。**

对科学研究感兴趣，想更深入了解这奇妙振频的计算方法和其衍生意义的读者，可以阅读这章最后的备注一。

说一个音或一个振频能令人和地球甚至宇宙产生共振，因而带着爱地持续孕育生命，可能听起来太科学反而有点抽象吧。我们换个更具体的角度，把这个振频放在人的身体上看看。

在人的身体上，发放和孕育爱的总指挥是哪个具体的器官？

是心脏。

东方谈了几千年关于“心”的道理，但若从玄学、哲学和道德谈心性，把心放在表达情感和道德良知的范畴去谈和分析的话，其实并不够具体。传统西方医学把心脏规范在血液循环的器官的研究上，忽略了心脏作为主管情绪和情感的重要功能，所以我们对情感、情绪和心脏之间的紧密关联认知有限，甚至可以说相当无知。

**心脏是爱的器官**，它能分泌催产素（爱情肽），即母亲喂奶、谈情说爱和性高潮时会分泌的激素，甚至能调节肾上腺的分泌功能，影响情绪。这些功能是由心脏直接指挥，可以不经掌管理性的大脑。但大脑能配合心脏的指挥，令情感反应更趋完善、稳定和持续。

**心脏是掌管爱、和平、情绪、欲望的重要器官。**一个健全和稳定的心脏，能令人散发平静、平稳和平衡的能量，即爱的振频，让你和别人在感动中感受和谐、和平；也就是说，它能优化生命，令人活得更好。

奇妙的是，美国的生物音频专家约翰•博利厄博士（Dr. John Beaulieu）提出，在生物的层面，心脏能在136.1赫兹的振频下马上释放适量的一氧化氮（nitric oxide），是构成心脏健全和稳定运作的必要元素，能令它发挥其功能，并能提升身体整体免疫力。而在心灵的层面，心脉轮（chakra）这地方，即中医学上膻中穴的位置，在响应136.1赫兹的振频时能产生深度放松，有助疏通和打开能量，同时让放松的血脉释放适量的一氧化氮。

膻中穴是任脉最重要的穴位。而督脉的起点，即尾龙骨位置的长强穴，也能相同地回应136.1赫兹振频，释放一氧化氮，产生和谐的深度放松。这个振频奇妙之处，是它能和谐地贯通任督二脉，令人整体地进入最健康、健全和平衡的状态（见备注二）。

换言之，只要你能替掌管爱的心脏或心脉轮位置调频（retune），把它调到136.1赫兹，便能打通任督二脉，产生和谐的流动振频，让它运行全身，开通经络。**这是身体爱你，保持你健康和长寿的振频。这就是爱。**

补充说明：能和心脉轮产生和谐的振频不只136.1赫兹（见备注三），不过能令人和生命根源的地球血脉相连，深度紧扣，足够孕育和进化生命，同时能令掌管爱的心脏健全和稳定地运作的振频，只有136.1赫兹这个奥妙的振频。

**136.1赫兹是人和地球相爱的振频，也是人和自己印心相爱的振频。**

你现在应该知道，当你希望去爱你自己或者谁时，该发放怎样效果的振频，才算是优质的爱，不然可能不过是混乱、虚怯、不安、自卑、自大、贪欲等不稳定的质量。**这正是从具体物理振频去衡量爱的重要意义，它不是迷信科学或追求时尚而弄出来的玩意。说到底，提出爱有一个具体的振频指标，目的不是重复为爱定义的游戏或陷阱，而是提醒我们需要把爱从众多的谈论方位回归生命、自我认同和具体生活的核心根源上去**，不要迷乱方向，这样有助我们：1.为自爱做准备；2.了解如何进行自疗；3.从修养自爱到大爱。这三个课题，正是本书往后三大篇章的探讨重点。

○　○　○

## 爱的温柔检测仪：OM治疗音叉

要知道现在的你是否在散发爱的振频，或者你的身心细胞是否距离爱这振频很远的话，你可以通过OM治疗音叉这个爱的测检仪来测试自己。

**光知道爱的振频是什么并不重要，重要的是能体验它在身体上如何运作，感受这个振频的具体振动。**因为我们对爱的理解很抽象，所以具体很重要。那如何才能体验到呢？譬如你可以通过使用“OM治疗音叉”这个方便的专业声音治疗小工具来体验爱的振频。

治疗音叉是声音治疗的小工具，其中OM这音叉的振频是136.1赫兹。过去多年间，我在替受疗者治疗时，或在工作坊和各地巡回演讲时，大多会在现场示范使用OM治疗音叉，让这振频**直接与受众的身体共振**，马上让人感受奇妙的静心和治疗体验。把它放在身体不同的位置如心轮、丹田、子宫顶、百会穴、太阳穴、印堂（第三眼）、大椎、风池穴等，能马上令这些位置的细胞自动释放适量的一氧化氮，让你亲身感受令身心和谐、松弛和平静的温柔振频，并同时调校这些位置的振频，让它们与这爱的振频共振，加强这些位置的功能和能量，也有助于替偏离正轨的频率调频，纾缓该位置的疾病。这时你便知道，爱在当下原来可以是这么具体的，你能通过具体的指标去调校自己的振频，接收和发放真正的爱的能量，而不再光靠抽象的“心”去想象爱是怎样，或者迷信由主流媒体集体催眠而产生所谓爱的浪漫感觉，而是能客观地感应别人的振频是否也符合爱的标准。

同样的，要知道现在的你是否在散发爱的振频，或者你的身心细胞是否距离爱这振频很远的话，你可以通过OM治疗音叉这个爱的测检仪来测试自己。假如你发现音叉在你的身体哪个部位上震动时并没有马上产生舒服和温柔共振的反应，即可能你没有什么感觉，或者甚至有点反抗感，或者反应过大、过敏等的话，你便知道，你的细胞所发出的振频无法马上和爱的振频产生共振；也就是说，你的身心可能已偏离了和谐与平静，你正处于混乱或不健康的状态中。你需要用136.1赫兹这个振频逐步替自己调频，并同步从修养爱和自我管理两方面，细致地开展调校自己、自我疗愈和重组生命的旅程。

**温柔的共振感，是重要的爱的指标。**

我的临床经验是，大多数女性在使用OM治疗音叉时，会较容易和快速感到舒服、感动和跟身体共振的震撼体验，尤其是把震动的音叉放在心轮、丹田和子宫等位置上，即说她们能较快替身体调频，回归女性最原始能发放爱的状态，唤醒母性的爱的能量。相对的，男性在使用OM治疗音叉时，可能会较难感觉到舒服的共振感，尤其是把音叉放在心轮位置上，这反映男性的能量开发点还未上升到心轮这个掌管爱及和平的位置，他们的能量还是集中在海底轮（root chakra）即性器官位置上，还未开发或发挥爱的感应区。最有趣的是，他们较容易感受到振动和舒服感的位置是太阳穴，正是他们较开发大脑思维的佐证，而OM音叉有助纾缓太阳穴位的劳损，调好那里的振频。当然也有相反的例子，视乎每个人当下的能量振频流动状态。

温馨提示：这音叉不是爱的必需品，它只是非常管用的自疗辅助仪，你能借用它来有效地调校自己而已。真正的爱的出现不可能单靠一个仪器。更重要的是，你需要从活好每一刻、每一个细胞开始，调校爱的振频，孕育爱。优质的爱是很具体的，不能单靠外在的东西讨好谁，不能只靠说好听的话，不能只有单纯的爱的意愿、感觉或想法。**要爱散发正面的、温柔的、有力量的能量，达到优化生命的效果的话，你须要把身体和心性调校至能与136.1赫兹振频产生共振的状态，即在现实生活中调好混乱的思绪，打通身心堵塞的关卡，在平衡流动的身心状态下，你的爱才能踏出门口，实实在在，被自己和别人的身心感应到。**相关的方法，将在本书第二章“你混乱了”和“自我管理”两节内详释。而关于治疗音叉的详细理论和功能，将会在我专注谈情绪自疗的著作里详释。

学习处理混乱、自我管理、尊重生命修养爱，是具体地将生命从最基本的作息生活开始，调校至136.1赫兹这爱的振频的方向，也是学习和分享爱的基本功，这是全书的核心导向和信念。

○　○　○

备注一：

关于136.1赫兹的计算方法和其衍生意义：

这是由瑞士数学及音乐家汉斯·古斯图（Hans Cousto）于1978年以他发明的“宇宙八度音”（cosmic octave）算法，即将行星环绕太阳公转的周期（planetary cycles）频率转换成音高计算出来的。

他的计算原理是：地球要用一年时间环绕太阳行走一周，以这个周速产生的频率换转成音高，便能算出地球公转时所产生的基准音（base tone），我简称为“地球之音”。这是极低的振频，超出人类可听到的范围。从地球之音升高32个八度，这是人类能较舒服地听到及诵唱的一个低音频，它的振频是136.1赫兹，即西方标准音高里中央C下面的C#（低音C#）这个音。

八度音能产生很强的共振频，共振频能产生和谐、共鸣和强化能量的效果。譬如同时弹奏中央C和高八度C音时，我们能听到几乎是同一个音，不是两个突兀交错的音，音色比听单独弹奏一个音时更丰富。没乐理常识的话，可以想象，这个音即如我们唱do re mi的do，两个人同时分别唱高低音do，即do re mi fa sol la si do•里的do和do•时（或简谱中的1和1•），听起来便是和声，感觉很和谐，张力和感染力更强大。这就是共振的效果，能带来和谐、共鸣和强化的能量，亦是一种优化的效果。

单个地球之音不足以构成爱。试想，地球的公转速度有可能并不适合生命生存，或者不足以令生命强壮，结果很快灭亡，谈不上对生命提供爱。一个振频需要和其他共存者产生奥妙和强大的“共”振，才有足够的能量孕育、丰富和进化生命。地球之音和依存在地球上的生命能产生奥妙的、能推进生命进化的共振能量，这共振能量便是能优化生命的爱。

备注二：

任督二脉在中医诊脉与道家导引养生上是相当重要的，中医的理论是：“任脉主血，督脉主气，为人体经络主脉。任督二脉若通，则八脉通；八脉通，则百脉通，进而能改善体质，强筋健骨。”

备注三:

现代声音治疗专家会用古印度传统毕达哥拉斯音阶（Pythagorean Scale）的音乐算式，计算出能调整七个脉轮的振频，而对应于心轮的振频是F音，即341.3赫兹。这音高和振频一般被广泛地使用在调整心灵的音叉、水晶钵、铜磬等声疗工具上。

对治疗音叉和铜磬的自疗功效和质量鉴定方法感兴趣的读者，可以到我的公众微信或官方网站细看详情。

# 壹 为自爱做准备

# 学习照顾

## 照顾：爱的条件

说要照顾别人时，即愿意承担别人的生命，需要怀有强大的爱才能做到。

我们都知道，说要爱好自己，爱好一个人，其中一项要求，就是懂得照顾自己和别人。

男生对心仪的女生示爱时会这样说：“亲爱的，我很爱你，很喜欢你，希望可以照顾你。”

很多女人一生就等待一个男人对自己深情地说：“我愿意照顾你一世。”事实上，对方能不能做到暂时并不重要，重要的是她希望他能说出来，表现他对她有多爱，有多愿意承担她，照顾她。

**到底怎样才算是照顾一个人呢？**

在一个讲座上，我带出了这个问题。现场有很多回应。有人告诉我，能给另外一个人安全感便是照顾。譬如能让父母安心和平静就能照顾好他们，因为大多数人都没有安全感，没有平静的心态。我追问他：“到底具体要做什么才能让他们平静呢？”他却说很难做到。

原来我们很难给予安全感，即使我们有多爱对方，多么想让对方安心。

原来我们都不懂得怎样让别人平静，不再忧虑。

这里带出一个问题：“到底我们能付出什么、做什么，才能照顾好别人呢？”

也有人告诉我，照顾别人就是把自己所学的技能教授给他。譬如父母不懂得理财，乱花钱，便教他们一些理财的知识。还有对于某些不很爱读书的同学，就在他们旁边影响他们，让他们慢慢地去喜欢看书。我追问：“引导对方就是照顾对方吗？”他说：“是的，我之前看过一本书，说最残忍的刑罚就是让一个人懒惰下去。”说的也有道理！

也有人认为，如果是对待爱人的话，照顾可分为两方面。第一种照顾，就是对他生活上的照顾。第二种照顾，更多的是心理上的照顾，譬如关心对方遇上什么事情，是否有什么解不开的结，会特别注意观察对方的情绪，一旦发现对方情绪不对时，便主动了解是什么原因，想办法让对方把不好的情绪释放掉。

这种表面和内心的照顾很周全，能这样去爱你的伴侣，会令对方感动，也能增进彼此的爱。

也有人说照顾就是尽量去配合，感觉到他需要你为他做什么，便去配合一下，在生活中照料他的需要。

这位观众带出一个重要的问题：**在照顾对方的感受和需要时，我们会靠感觉。不过事实上，我们的感觉跟对方真正的需要，可能出现很大的落差。**

也有人说陪伴也是一种照顾。但是否真能做到经常陪伴，抑或只是想起来才去做一点点呢？你知道对方需要你的陪伴，你也知道陪伴很重要，但是你能做到吗？可能的话，就做好它。如果做不好的话，就是说当你希望照顾谁时，这意愿并不够力量。

说要照顾谁是很容易的，谁需要我，我便尽量给予。但是如何给予？何时给予？有能力给予吗？抑或你只是想给予，可是却没有具体的行动意向、计划和时间表？

我们其实不太理解，以为有一个照顾别人的心愿就够了，或是有人认为想过了便已经做了。我听过很多个案，尤其是女人，她们常常埋怨伴侣说过要做什么，结果没做到，问他时他却说已做了。可真相是，其实他只是想过了，没有做。说过“我爱你”，其实只想过爱了，说完便以为已爱过了。但事实上，你做过什么表达你的爱呢？常常想着爱他是不够的，重点是你实际上做了什么，做的是否合适。

**我们原来都活在自己想象的世界里、自己的思想里，多于面对面、眼对眼，用行动做出照顾对方的具体行为。**

**照顾意味着将会承担对方的际遇和感受，为他负责任。这是超级伟大的意愿或承诺，但不是一般人能做得到的。因为，说要照顾别人时，**

**即说愿意承担别人的生命，需要怀有强大的爱才能做到。**

女性天生拥有这种照顾别人的基因，因为她们的生理设计已准备好生育和照顾小孩，不能自私，不能懒惰，不能只顾自己享乐。照顾一个生命是莫大的付出，不能随意，不能即兴，必须全心全意地投入，细心呵护，让另一个生命感到被爱，在安全的生命承担和承诺中长大。

这是母爱的奇迹，超越自我中心的伟大付出。

**你能像照顾一个新生儿一样照顾你所爱的人吗？**你即使不太懂，也可能有点笨，但你愿意尽力为所爱付出，学习你不懂的，优化你已懂的，给对方安全感和幸福吗？**愿意和实践照顾，原是爱的承诺。**

○　○　○

## 照顾的具体条件

照顾是在给予光明和温暖的同时，看自己和对方每天不同的变化，在无常变化中调校关注，顾己及人。

“照顾”这个词很有意思。

照顾的英文比较简单，就是take care。Take是指拿起来，有承担的意思；care是关心，take care就是愿意承担和关心的意思。但中文可以看到更深的意义。

首先是“照”。

“照”是什么意思呢？灯光在照，照是明亮的，不会越照越黑。照就是给予光和亮。那光亮里有什么呢？有温度，你不会给一个冷冷的光，假如你只是看对方一眼，冷冷的，没有温暖的话，你们不会有良好的关系。所以照的重点是给予温暖，热暖如太阳的正气。这是光的物理学，非常具体。有光代表了什么？光明能让我们看清楚路向，看到方向。所以，**“照”是能清晰地指引路向的明灯，让人感到温暖、安心，没有暗算或隐忧，光明正大，坦坦白白。**

你能为对方带来温暖和光明的指引吗？

“顾”是什么意思？

**顾就是看，不只是看，而且是“回头看”。**顾就是不只看一眼、看一次，而且是要回头再看的意思。我们也听过“回顾”这个词，就是“顾”的意思。

这就是说，我们有没有每天回头看一下自己，回头看一下对方呢？很多伴侣在一起已十年了，天天见，天天一起吃喝、一起睡，可是，不知从什么时候开始，彼此再也没有回头看对方一眼了。有些人结婚二十年，男的连老婆现在什么发型都不清楚，因为他早已不再留意和关心她，或者还活在十多年前印象中的那个她的记忆中，以为很懂她，对她已很熟悉，她说一句你已猜到下一句她要说什么，连忙借故逃避，是这样吗？他原来早已没有照顾她。

在给予光明和温暖的同时，你需要细心观看对方此时此刻真正的需要，看清楚对方和自己，不盲目地付出，没有活在自己的世界里猜想对方想要什么，或者只满足自己想做的事情，强迫别人认同你，接受你的付出。你要看自己和对方每天不同的变化，在无常变化中调校你的关注点，顾己及人。这才是真正的照顾。你能做到吗？

照顾是很具体的，这是哺乳类动物懂得给予的温暖。狗狗猫猫都是睡在一起的。人恋爱的时候也是手牵手的。理性的时候你会问："你们不会走路吗？为什么要手牵手呢？"但在热恋时，人不是为了引路而牵手，牵手原是为了给暖和取暖，这是一种亲密的接触，能表达关爱，给予安全感，表示你在，和很好地陪伴着他在一起。

真正的照顾其实是非常具体的，像阳光一样的正能量，给予温暖，不是负面的。如果你的照顾变成了负面的，譬如说你只靠主观感觉去想象对方的需要，却没有沟通，也没有用行动给予安全感的话，你所给予的可能根本不是对方真正需要的。因此，**优质的、有力量的照顾，必须先清晰和温暖地（照）去关心，用心去看（顾）到底对方有什么需要，而非你想象对方需要什么，或者你希望给予对方什么来满足你的想法和意愿。**

相信很多人也知道和体验过，爱人、亲密的人给你的，为你做的，为你买的、准备的，其实并不一定是你真正需要的，更多可能不过是对方一厢情愿花几个小时给你做的菜，或是编织一条你其实并不喜欢用，或者颜色不合适的围巾，你确实不需要。出于爱，第一次你会觉得很感恩，第二次、第二十次，第一年、第三年对方也是这样，没体察你真正的需要、想法和意愿而为你做或没有为你做什么时，你便会觉得郁闷。原来对方并没有认真地关心你，他只是喜欢做他想做、以为应该做的事情而已，以为这样就是喜欢你、爱你、照顾你的表现。

瞧，很多妈妈便是这样，没有回头看，只活在自己的世界里，把单方面的意愿和喜好强加于别人身上，以为这就是照顾好家人，却做了多余的事情，令人要不勉强迁就和接受，要不感到烦厌，加添摩擦。结果你感到自己是受害者，因为没有人领你的情。可原就是你错用了能量，其实你所给予的不是爱，一不留神变成害。

照顾的振频，应该是能优化生命，带来和谐和爱的136.1赫兹振频。它是具体的。所以，照顾是正能量的给予，看清楚细节，用心发现变化，这是具体的行动，不只是思想或意愿。

**照顾是全心全意全情细致的付出和关爱，需要时间、心思、汗水，不是儿戏，也不是浪漫的想法。能做到，怀着爱，你会享受照顾的过程，而不会视照顾为牺牲，在乎你的修养。**

○　○　○

## 你能如何照顾人

照顾永远是双向的。你愿意照顾，对方也得愿意响应你，给你看，才能相得益彰，互相感照。

再具体和深入一点谈照顾的重点。

到底照顾别人需要投入什么？做什么呢？

照顾不能只谈心便足够。照顾涉及很多具体的条件或者“成本”，包括物质的、金钱的、时间的、精神的。

照顾别人的先决条件是你要先调整好自己，包括你的健康、时间、财政，还有你是否够细心等。假如你身体孱弱，像个半死的老头的话，说要照顾别人是不自量力，也不够诚意，因为事实上是最终要别人反过来照顾你。如果你经济状况不好，你说要照顾谁，对方会有安全感吗？会放心吗？你要先管理好自己的财务、健康和生活。

关心别人的物质需要之余，还要关怀别人的心灵需要，关心别人的感受，付出足够的时间，陪伴左右。如果你说“我很爱你”，但是你永远不在他身边，常常出差，把工作、个人玩乐放在第一位，你所谓给他的照顾其实是透明的、隐形的，说白了，就是白说的。口里说爱对方的你到底实实在在在哪里？即使你在，但你没有看他一眼，没有用心照顾对方的需要的话，甚至偷偷跟其他人发短信说甜言蜜语、玩暧昧的话，你不过是贪图关系，骗取个人满足而已。

除了先调整好自己，预留时间，和对方同在，保持观看对方的真正需要外，还要用正确的方式去看。即指，你需要学习放下自我中心，学习耐心和细心，不然你的视点若粗疏，你看到的也不过是皮毛或误解。

我们要注意一点，**需要保持回头看的原因，是因为每个人都在恒常变化中**，昨天他喜欢吃鱼不等同今天他依旧喜欢。我们每天受到学习、朋友、社会文化、商品文化等影响，需要和喜好都会随时因应改变，再加上人会长大，价值观也会调整，需要也不一样。因此，**面对自己和别人，都应保持开放和适应变化的态度，别只活在记忆或想象中去判断自己和别人。**他以前喜欢吃鱼，也许现在不喜欢了，或许现在喜欢吃鸡。你活在自我当中的话，还以为他只爱吃鱼，你便粗心大意，没有回头看他，也就谈不上能照顾好他了。

你知道我现在正需要什么吗？我谈了很久，喉咙干涸了，需要一点水。如果你细心的话，你会早在安排我上场讲话前已准备好一杯水给我，这就是细心。或者你开始发现我的声音有点沙哑了，不用问，你马上送上一杯水，这也是细心。随时观看别人当下的变化和需要，你能做得到吗?

你总会要求别人体察你所需要的，希望别人懂得照顾你。尤其是女人，经常以为对方爱你的话，不用你说出口，他都应该知道你想要什么。女人是从感觉出发的，常常以为男人不够爱你，不够照顾你，其实是欠缺沟通技巧或艺术的问题。**你没有表达，或者总要别人猜想你的需要和喜好的话，对方再照再顾你，也无法猜透你心海底的那根针。**

**照顾永远是双向的。**你愿意照顾，对方也得愿意响应你，给你看，才能相得益彰，互相感照。关门的人、自我保护的人无法被照顾，你也无法照顾他。

**照顾还包含一个非常重要的条件，就是你是否有能力，或是否拥有强大的意愿和基本的能力帮助对方解决问题**，包括大小问题。不是说你必须要做得到，因为很多问题不是靠别人解决的，必须靠当事人自己。**但是你若什么问题都不能解决的话，你能为他做什么？你对他而言到底有什么用呢？**假如你只懂一厢情愿说“让我来照顾你”，可是现实中连最小的事情如给他倒杯水，买东西，大事情如为他分担困苦都做不到，也没能力做到的话，你还能为他做什么呢？

照顾是要行动，别说别想，踏实去做。先懂得照顾好自己，拥有稳定的正能量，才能照顾好别人。

○ ○ ○

# 先照顾好自己

要照顾好自己，就是要整合分裂的自己，以统一的、稳定的一个整合的自己来展示人前。

谈到照顾，我们都想到照顾别人，但我们更应先懂得照顾好自己，这才是重点。

当你还没有照顾好自己的话，其实你没有能力照顾别人。父母也好，爱人也好，子女也好，不管是谁，混乱、不稳定、没安全感、虚弱和无知的你能给他们安全感吗？能照顾好他们吗？不可能。我们更重要的是照顾自己。

那到底要怎样照顾自己呢？这就是学问。

照顾好自己需要什么条件呢？

首先，别纠结在是否要照顾别人上，先照和顾一下自己。要照顾自己需要先面对自己，这时，自爱的关键时刻到来了。你知道你是谁吗？你知道和清楚你自己吗？

我们常重视自己，包括自己的感受，自己的需要，自己是否被接受、被重视等等。但到底自己是谁？确认你是谁，是自信和自我认同的基本条件。

**我们需要先尊重自己。**

尊重自己就是肯定自己，确认自己是谁，才能表达一个完整的自己。很多人对自己的认知一塌糊涂，表现的那个自己和内里的那些自己自相矛盾到令别人和自己也感到陌生，难以适应和相处。我们都以为有一个完整的自己，其实每个人都有无数个自己，**“自己”本来就是无数个分裂的自己的总和。**坐下来的那个你是自己A，需要到外面散步的是自己B，喜欢回家的是自己C，办公、上班的是自己D、E和F。贪心的时候，要买那件名牌漂亮衣服的时候，你又是自己G。看到一个很悲惨的乞丐，你要施舍给他时，又是另一个自己。

混乱的人、自我管理很差的人，每天都和内在不同的自己打架，把大部分的自己压下去，然后突出一个单一的自己来，这使你身心都不平衡。所以你会发现有些人，可能也包括你自己在内，经常摇摆不定，很容易被影响，情绪不稳定，这刻好像平稳了，下一刻又混乱起来，待会儿又发一些脾气，要不便恐惧、暴力、没有安全感。这些**情绪不平衡的人，正是很多个内在的自己在分裂和打架，一旦被一个自己赢了、引领了，你已不是你，你被某一个自己控制了，容易被情绪或欲望掌控而陷入迷乱。**

我们不懂得去管理内在诸多的自己，也不愿意去管理，却花精神和时间好管别人。有人甚至以为通过爱情就可以把自己推卸给对方，让他来调整你，给你爱，让你平衡一点。其实我们很多时间都不平衡，内心几百个自己在打架，好像你是个有一百个孩子的妈妈一样，你都无暇多看他们一眼，他们打完架回来吃饭就是了，你不管了。你不清楚一百个孩子谁是谁，也不知道哪个疼你、照顾你、埋怨你，你都把握不了你自己。

最后靠谁来调整自己呢？你希望别人照顾好你，可是你也说不出你到底需要什么。**你需要他照顾你、关心你的什么呢？**

**我们要照顾好自己，就是要整合分裂的自己，以统一的、稳定的一个整合的自己来展示人前，让别人看，跟别人说话。**我们必须先有一个稳定的自己，才能平衡和向人表现一个稳定的自己，让别人看清楚，听清楚别人跟你谈什么，你才能响应，同时细看和聆听别人。

# 自己=自我分裂

没有一个人不是分裂的，当我们遇到真正的难关时，分裂的自己便会具体地呈现，令我们进入混乱不安的状态，失去自控或自主能力。

再多谈一点关于分裂的自己。

刚才谈过，我们一直都以为拥有一个完整的自己，自己应该是怎样的，对这个自己我们有很多想象、很多幻想。但原来我们同时有n个自己。你阅读时是一个自己，跟别人讲话时是另一个自己，跟异性说话时你会改变声调。在学校里，在公司里，又是完全不相同的你。面对困难时的你，面对面接触的你，害怕、无助的你，都是不同状态、表现、价值观的“自己”，这些自己的总和，才是真正的你。

我们其实没有一个完整的自己，现在这个正在阅读的自己，所感所想只能代表其中一个自己。**人其实是分裂的，没有一个人不是分裂的。分裂没有好或不好，只是一个正常的脑结构现象而已。因为我们的心脑结构是复杂的，可以同时呈现、发展和混合不同的反应、想法、欲望和期望等各自相融或相冲的状态。**

我们大部分时间没有管理好那么多个自己，尤其是在平常没有遇到矛盾或困难时，这些自己还不至于产生强大的内在角力，我们顶多是在选择买东西时出现犹豫，内心有两个声音在怂恿你买或不买而已。但**当我们遇到真正的难关时，分裂的自己便会具体地呈现，令我们进入混乱不安的状态，失去自控或自主能力，甚至走火入魔。**

譬如你可能以为自己很温柔，事实上很多表面温柔的老婆，在感情突变时很可能会变成杀害老公的凶手。譬如你以为自己很坚强，可是遇到困难时突然变得无比脆弱，你才发现原来自己有这样无力的一面，你甚至不能接受这个新发现的自己。所以，人最难面对的不是别人，而是自己。当不同的自己在内在分裂和角力时，你选择懒惰不去管，不去磨合和整理它们的话，你便自我放弃了。你会变成一个乱七八糟、人格分裂的人，难怪有些人这一刻可以是很爱你的天使，下一刻却突然变成最恨最伤你的恶魔。

你越是分裂，无法整合自己的分裂的话，你的混乱不单影响自己，还会危害别人，令别人成为受害者。同样的，别人乱七八糟的话，而你的状态又不稳定时，你便会容易被别人影响，进入更混乱的状态。

一个成熟的人，是一个有能力并愿意自我管理的人，这人能和众多分裂的自己相处、整合、平衡和协调。他的能量稳定，能保持清晰，不容易混乱，这种人能肯定自己，建立自信，创造正能量。他能先肯定自己，不会否定自己的背景、性别、过去和现在的经历，他会珍惜现在，创造明天。这些人能散发令人平静和稳定的气息，能给予可靠的安全感，令人信赖，寄存希望。科学地说，他能发出爱的振频136.1

赫兹。

当你够稳定，可以协调、整合、管理自己时，你才开始长大了。这个时候才能进一步培育爱、感受爱和分享爱。

○ ○ ○

# 肯定原生家庭

# 自爱：肯定自己的根

自爱的基本条件，是要肯定自己与生俱来的生命源头：自己的根。

人的内在有很多个分裂的自己，为什么有那么多呢？除了是因为刚才谈到过人的心脑结构很复杂，可以同时呈现、发展和混合不同的反应、想法、欲望和期望等各自相融或相冲的状态外，也因为我们是谁，是由我们的生命根源决定的。**假如我们的家庭根源是复杂的话，我们内在的分裂也会比较复杂。**

因此，在了解自己是谁之前，我们应该问“到底我的父母是谁”这个问题。

知道和肯定自己的根在哪里很重要，这可响应到底你是谁的问题。

你是从你家庭而来，父母给你什么原生的资源，它便成为你的雏形。从生物观点看，父母给予你什么质量的细胞，你就是一个带着什么条件出生的人。

**自爱的基本条件，是要肯定自己与生俱来的生命源头：自己的根。**

**接受和尊重自己的条件，是要先明白和接受自己与原生家庭是不可分割的整体。**

提到父母，经常会听到有人说这些怨气话：“如果他们没有生我该多好。”“他们没有问我便生下我，对我不公平。”“我才不要像他们一样。”“他们从不顾及我的感受。”“我才不管他们，他们像野人一样蛮不讲理。”“别提他们，他们贪得无厌。”

别以为这些只是青春叛逆期子女的经典反应，写信给我或找我做自疗咨询的男女，很多即使已人到中年，提起父母，还是有说不清也说不完的不满、埋怨，甚至仇恨。

想起母亲，你可能会有很多印象或评语，譬如说她很唠叨，喜欢干涉别人，脾气也不好等负面的印象，你们甚至一见面便会打架和吵架。又或者，你觉得她很好很温柔，说到她便想到她做的菜。想起父亲、祖母、外公、外婆等等时，你会有不同的印象和感觉。我们好像都知道父母的名字和岁数，但可能对家族成员到底是谁所知极少。

**自我否定的人有一个特质，就是同时也否定他们的原生家庭。**你可能谈起父母和家人时会感到很丢脸，很厌烦，很不安，很抗拒。你可以对父母感到很陌生，觉得家庭很负面，觉得父母不理解自己。可是你有没有反过来看自己，到底自己有没有关心和理解父母的感受呢？你对他们又做了什么呢？你自打嘴巴了。当你埋怨母亲只懂得烦你管你时，你会以为你不像她，因为你不会烦她管她。但事实上，你不过是没有理会她，没有关心她而已。当你埋怨她没有站在你的立场去理解你时，你又能做到站在她的立场理解她吗？你能公平地看待父母吗？当你想和他们划清界限，斩断关系时，你可有想过自己也许跟他们也犯了同样的错，做了同样惹人讨厌和烦厌的事情呢?

很多人来找我寻求自疗咨询，最初都会先埋怨伴侣，然后便是埋怨父母，觉得因为父母的种种缺点，导致他现在才有某些欠缺和际遇。很多人一想起父母便会说：“我不要像他们那样。”他们会批判父母，觉得他们很烦，很讨厌。譬如不满母亲不懂得反抗父亲，只懂得干涉子女的事情。也瞧不起父亲，更恨母亲挑了这样的男人，结果生了自己，害自己得不到应有的爱。但当我帮助他们看清楚自己多年来演变出来的想法、行为、情绪等模式后，让他们重新发现自己是个怎样的人，一步一步地发掘下去，他们的样子便开始改变，从刚才负面、仇恨和否定的态度，变得眼神飘移，眼下肌肉跳动，手指开始乱抓乱动，表现紧张不安，原来他们的核心问题被勾起了：他们做了和母亲一模一样的事，他们忙着管伴侣，管孩子，管同事和朋友。他们这时才赫然看穿自己和父母的关系奥秘：原来自己跟父母做的竟是一模一样的事情。

譬如她埋怨母亲找了一个没有钱又经常发脾气的老公，结果终年不断责怪他、责骂他、要求他。可是细看自己，居然找了一个比她父亲更烂的男朋友，而她自己跟母亲一样，对男朋友很凶，诸多要求，给他很大的压力。她现在才发现，她所做的，所拣选的，竟然跟母亲一模一样，甚至有过之而无不及。

父亲跟儿子的关系也一样。有受疗者跟我说，他非常不喜欢父亲对母亲不忠，有很多女人，令他母亲很伤心难过。但事实是，等他长大，他正做着跟父亲一模一样的事，不断更换女朋友，对感情不忠，伤了很多女人的心。他感到很不安，但是没有办法解决问题。他一方面瞧不起父亲，同时也瞧不起比父亲更差的自己。

**我们反省一下，到底做了多少跟父母一样的事情?**

**若你不清楚自己是谁，你可以细看你的父母。他们是怎样的，你大概也和他们差不多。**

**用心去重新看、重新聆听你的父母，尝试用心去明白和理解他们的过去和现在，了解他们的感受。没看到他们，你也没看到你自己。**

假如你很讨厌父亲，请你细看一下你的男朋友、你的丈夫。当你仔细观察他的话，才蓦然发现，你可能选了一个比你父亲更差的男人，你正在重复你母亲的选择。可讽刺的是，你在讨厌父亲之余，也瞧不起母亲的选择，还埋怨过她是自讨苦吃的，她是可以放弃你父亲的，却因为懦弱而没有这么做。

我们会不自觉做了比父母更甚的负面事，有过之而无不及。当我们照镜子觉得有点陌生，想多了解自己时，我们可以先回家看看母亲，你会发现原来你很多地方都像她。你同时也挑了一个像你父亲的男友，或挑了一个像你母亲的女友，做了像你父亲的事，像他一样好色，经常换女朋友，不负责任。理性上你不明白为什么，你却做了。

这是家族遗传病。

**否定父母等同于否定你自己，我们都是彼此的镜子。**

如果你不接受父母，也就没有接受你自己，因为我们的生命是父母给的。

○ ○ ○

# 父母的深层影响

你是父母或更上一代的复制品，你会承受和延续他们还没解开的心结。生育其中一个重大的意义，原是协助处理上一代还未解放的心结。

母亲对女儿的影响、父亲对儿子的影响是超乎想象的深远。

举一个案例。

她来见我时患了乳癌。她一直跟女儿关系不好，原来她生女儿的时候很不情愿，她说如果那时没有怀孕，她绝不会生孩子。相信大家也猜到了，她跟丈夫的关系也很不好。**在制造一个生命出来的那一刻，你跟伴侣的关系，会决定孩子将来会是怎么样。**我协助她追溯她跟妈妈的关系，结果并不很讶异，原来她妈妈当年也在逼不得已的情况下生了她，就像她一样。她和妈妈的关系也不好，她妈妈患有子宫癌。

有些女人常常头痛，尤其在很紧张的时候，或者跟父母关系不和的时候，或者跟伴侣发生冲突的时候。也有些是因为经期前会头痛，也可能是妇科问题。但有些人的头痛却找不到缘由，寻找过很多医生，做过很多治疗或检查，还是找不到问题在哪里，总之他们经常头痛。近代有研究发现，原来是因为父母的关系并不好，在做爱时，他们没有爱，充满紧张，关系分裂，精子和卵子结合的刹那，甚至是在互相仇恨的状态下进行的。但关系是奇怪的，两个人已没有爱，却因为生理需要甚至心理发泄而性交。在这种情况下，人跟动物其实是差不多的。

**当你把分裂传给性伴侣，因此结晶新生命，你第一份送给孩子的礼**

**物便是分裂，孩子出生时也承受了不快乐与不和谐的分裂基因。**而这些孩子，很快便会感觉到自己的生命并不受欢迎，觉得父母并不需要自己，觉得没有自己的话，他们可能活得更自由更快乐。他们觉得自己变成父母的绊脚石而非宝贝，开始自我否定。

这就是这位女受疗者的处境。她在感到自己是多余的、不受欢迎的情况下遗憾地长大，在看着母亲不情愿地承受她这小生命的无奈甚至埋怨的眼神中长大，深深感到母亲不爱她。事实上，在这种情况下长大的孩子，将来通常会出现两种反应，一是叛逆，家庭对她而言，没有归属感，跟父母关系不好，会尽早离家出走，或是发展自给自足的满足感，以为自己不需要爱或靠谁也可以活得好，或是死命依赖别人给他爱；二是一方面暗地里埋怨父母不爱他，另一方面却尽最大的努力讨好父母，为求得到他们的认同，博取他们对自己的重新肯定。这种人不但在爱恨矛盾中走不出来，在否定父母的同时也无可避免地承袭了父母的分裂和疾病。妈妈有什么病，女儿便会承继同样的病，而疾病的源头，可以追溯到再上一代甚至更远。女性可能会有不同的妇科病，要不是乳房有问题，便是子宫、卵巢有问题，这些病症都跟缺乏爱有关。

再举另一个案例。

他的父亲是个弱者，没能力养家，身体孱弱，对妻儿充满内疚。母亲本来就是个强者，因为嫁了个软弱的老公，更要承担整个家，变得更强更硬朗，也因此难以避免地对老公和儿子不够温柔，处处要求，容易发脾气。儿子看在眼里，心想不要像父亲一样软弱，希望将来能做个真汉子，代替父亲回报母亲，照顾她，也希望将来找个比母亲温柔的女孩，希望自己能照顾她，不用她像母亲那样为操心家庭而担心劳累。

可是这些愿望却变成了他的童年阴影，也造成了沉重的压力。于是他很快便像他母亲一样容易发脾气，也有点完美主义，做不到最好便怨恨自己，同时向自己最心疼与怜悯的母亲发泄。结果他和母亲长年处于角力和不和的状态，心里其实很柔软，多么希望有天他能做到母亲认可的、堂堂正正的男子汉，让她为他感到骄傲，弥补她找了一个软弱老公的遗憾。

自制的压力越大，越难成全自己。结果他搬离母亲很远，很少见面，借故忙碌，觉得做不到最好便没面子在母亲面前抬起头做人。同时，他真的找了一个和母亲性格相反的女朋友，却像个小女孩一样幼稚和无知，他必须全力照顾她的生活，包容她的脾气。虽然满足了他不用活在高压女人下的愿望，但他得承担低能女友的一切，实在是太累了。

他其实不自觉地承继了父亲的懦弱，忍受不了女友的幼稚却不忍心分手，告诉自己对她有责任，却不知不忍心分开不是仁慈或善良，而是伤害，耽误了她的青春，令她变得更依赖，更离不开他。原来他在养宠物，不是平等恋爱，无法互相扶持。这样更令他在母亲面前成为一个不合格的儿子和男人，跟他爸爸一样。

**父母是什么，你便是什么，你和他们不过是互相对照的镜子。**

**你若忽视或否定你的根源，你一生便难以发展自我，只能重复旧有，恶性循环，家族的性格和疾病史也是这样承袭下来的。**你不明白为何你那么暴躁吗？请看看你的家人。当你家族有抑郁或暴力症状时，你很大机会也同样患有不同程度的情绪病。也请检视你便秘、胃病、失眠、脊髓痛症的源头。你若老是找不到头痛的根源在哪里时，请回头看你的父母是否在受孕刹那关系并不好。

母亲在不情愿的状况下怀孕，会和子女关系紧张。**女性承受了大部分生育的业障，生育后会对孩子不好，将怨恨和郁结投射在孩子身上。**孩子会感受到父母莫名其妙不爱自己，父母未必感觉到，但孩子能感觉到，他们的潜意识很强，具动物性，感觉很直接，不被亲爱的感觉很强烈也很真实，譬如感到父母的眼神和拥抱没有带着爱，充满遗憾，结果孩子也容易承袭父母身心的病。

别埋怨你女儿反叛，因为她是承袭你的。别自辩说你没有反叛，何来承袭之说？细看你自己，你就是因为一直依从着别人而受苦，经常感到委屈，致使女儿潜意识想帮助母亲发泄她应释放的情绪和未圆的心愿，于是变得反叛，母亲隐性的心结由女儿代为发扬。

所谓生命的延续，生育的意义到底是什么？**你是父母或更上一代的复制品，你会承受和延续他们还没解开的心结。生育其中一个重大的意义，原是协助处理上一代还未解放的心结。**

别忽略、抗拒、讨厌或瞧不起家族的根源，把那些你抗拒的、讨厌的、瞧不起的问题都找出来，这会对肯定和稳定自己非常有帮助。如果我们没有调理好、修补好跟原生家庭的关系，我们其实很难改善自己现在各种不同的问题，包括混乱、病痛、贪欲、逃避、懦弱、暴力和负面情绪等，这种因否定而衍生的病态遗传，力度可以非常强烈。

同样的，你有什么病：心病也好，身体毛病也好，也会感染、传染给你身边最爱的人或者动物。有个案例是一个十来岁的女生，她自杀过几次，我替她重新看自己的一生，她赫然发现原来每次想自杀或是尝试自杀的前后，她家中都有人、宠物或植物患重病甚至死掉，而她自己也会大病一场。是不是有什么特殊玄妙的原因在背后呢？其实理由很科学，因为她把发放出来的死亡能量振频传染给身边的事物，让他们无辜承受了，对方能量稍微弱一点的话便会发病。

**你给旁人多少垃圾，对方身体里面便有多少垃圾。**如果他不懂得清理，抵抗力较弱，意志也薄弱的话，他便容易生病甚至变得更糟糕。

这是有科学根据的。如果你现在的状态很不好，你的脑电波波频会完全转贴到你身边的人的脑袋去，让对方的脑波马上被影响，变得跟你一模一样。尤其是情绪。为什么我们跟情绪不好的人在一起时，会感觉特别不舒服呢？你本来好好的，但假如他不好的话，你马上会复制过来，感觉不好。又譬如你走进一间屋子里，你根本不清楚这屋子里之前发生过什么事情，可是你一走进去后马上感觉到莫名其妙的、说不出的不自在，为什么呢？原来刚才有人在那里吵架或哭过，负面能量的振频还停留在那里。

**如果你没有调整好自己，你身边的人会感染你的混乱和情绪而很受罪，亲密的人便会更遭殃。相反，假如你散发的是稳定的正能量，你身边的人便会受益，感到舒服自在，跟你在一起自能感到幸福和放松。**

**要照顾好自己，先要肯定自己；要肯定自己，先要接受父母，好的丑的也接受，然后调校自己。**原谅、体谅、感恩，接受父母，包容他们的好与丑。**别想调校或改变他们，我们没有能力改变谁，我们只能先调校自己。**

○　○　○

# 了解母体的意义

生命是共同分享和依存的关系，应被同等地尊重和共同需要。你是生命母体的一小部分，所谓自我中心原来是极度渺小并虚幻的。

为什么我不断强调必须要好好重建跟父母尤其是母亲的关系呢?

为什么我说想了解自己，可以先从了解母亲开始呢?

我不是在谈孝顺这个道德课题。我关心的，是人如何才能走出不自觉的混乱和自己的限制，有条件去发展爱；爱自己，爱别人，爱世界，停止制造伤害和垃圾。

**母体是生命力的来源，所有生命都不可能跟母体断绝关系。**你的力量从哪里来？从母体来。母体的力量源于土地，源于整个宇宙。地球的母体是太阳，它和太阳产生的爱的共振频能给予滋养地球的能源。

回家看看母亲是谁，更深入地去了解我们的生命来源在哪里，我们的生命是如何产生的。当你对生命多一点认知，多一点了解，多一点感触，多一点阅历时，你才会回到你自己。**当你不太认识自己是怎样来到世上时，你所认识的、所投射出来的自己，不过是想象或主观思想观念而已。**

人与母亲血脉相连，需要母体的滋养才能成长、完善和修养自己。肯定和回归原生家庭，生命才有重心。**现在几乎所有人和民族都发生类同的病变：疏离、放弃、扭曲甚至摧毁家族、民族和文化的根。这是严重可悲的自我毁灭之路。**

我喜欢看关于生物的纪录片，看动植物怎样繁殖，怎样交配，怎样协调关系，怎样照顾小孩，怎样进化和生灭。看到亿万年来不同生命的进化奥秘，叹为观止。再看一下你是谁，你是如何进化到今天生成的这个你，便体会到原来生命得来不易，也并不偶然，没有单一的个体能掌控全局，你也不只是你。**生命是共同分享和依存的关系，应被同等地尊重和共同需要。你是生命母体的一小部分，所谓自我中心原来是极度渺小并虚幻的。**

古时人类新生命的生存率很低，生三个孩子死两个，生完孩子后母亲或许也会死。多了解生育的历史和过程，你便能看到女人的生理和心理的进化。女人对生育既喜悦也恐惧，因为生育意味着她可能会死亡，一命换一命。

明白生命的来源和进化过程后，我们应该感动和感恩，感恩能活到这个年代这个年纪，感谢生成你的父母亲，包容他们可能也经历过很不容易的挣扎或煎熬，你便应羞愧于再埋怨地说：“如果父母没有生我该多好。”你应该明白这种想法太过忘本和幼稚，你根本什么都不明白，不知道。

假如你说“我很爱自己，但是我非常讨厌我的父母”的话，你现在能看出这句话的矛盾在哪里吗？你真的有爱过自己吗？

○　○　○

# 修复上一代的缺陷

我们的生命并不只是为了完成自己，我们的出生是为处理家族未处理好的问题，由我们来终结，优化家族的命脉。

要清理自己的混乱和缺失，你要先处理和修补你与原生家庭的关系，没有人能和家人不和而活得好。

**你要尊重原生家庭带给你的一切。**假如你和家人关系很差，你不可能是个平衡的人，因为你已失去了生命的根。生命最后的支柱就是你的家族，即你的生命源头。现在很多人活得空虚，深感寂寞，无人依靠，麻木不仁，正因为跟家人关系疏离或恶劣，失去原生家庭这座生命靠山，就像遗失了护照一样，你无法让人确定你是谁，有家归不得，有境进不了。

调好你和原生家庭的关系，除了为自己着想外，也是为了家族着想。

**我们的生命并不只是为了完成自己，我们的出生是为处理家族未处理好的问题，由我们来终结，优化家族的命脉，然后才能自由上路。**试想，父母生育孩子是为了什么？新生命到头来是为了什么？假如不过是为地球多添生命数量的话，这种繁殖设计并不合理，因为不断繁殖新生命只会不断消耗和占有地球有限的资源，这会加速整体的灭亡。

那延续生命到底是为了什么？

从生物学观点看，这是为了细胞的进化和优化，长远是为繁衍多元品种，丰富生命的质和量。

从灵性观点看待这问题的话，你会发现，**下一代其中一个很重要的功能，是为修复上一代的缺陷，它是来治疗生命的。**新生命有助化解上一代的怨恨和修复缺陷。在这意义下，生育变得很神圣，**原来每个人出生的责任都是神圣的，能有机会修正、修补和修养好上一代，甚至上几代的遗憾和缺失。**

你可以挽救和修正你家族的病历和不幸，同时也是为自己好，因为当原生家庭的问题还未解决时，我们的生命只会变得复杂，带来混乱和情绪冲击，无法找到平静的依靠，无法从容地爱和被爱。你和家庭割裂了，即和生命的根源割裂了，你将陷入混乱，自我分裂，无法肯定、尊重和爱自己。

爱自己的核心便在此：当我们不接受生命是从哪里来时，我们不可能去爱好它。正如当你说："我很爱你。"但你若不能接受对方的家庭背景时，你并没有真正接受他，也不能真的爱他。当你很介意你来自你的家庭时，你便很介意自己；当你介意自己时，便不懂得和别人坦诚地相处或交往，你可能会通过不断说谎和变换面孔，制造不同的面具，装饰不同的内在分裂，怕别人识穿你对活着的虚怯感和无力感。人活得分裂，源头也在此。

**懂得用进化的、成长的心性和修养来处理家庭关系的话，你便可以优化你家族的不完美，这是无比正面的。**在进化论上没有完美的生物，只有变得更完善的生物。完美的、没缺陷的伴侣根本无须生育，当然他们根本不存在。**你的出生、你的生命，能为你的家庭向前多走一步。假如你的下一代也同样以这种方式优化你的缺点，发扬你的优点，一代优化一代，没有活得比上一代更差或者退步的话，这就是进化和文明的意义。**

**我们有责任完成人类的进化过程，从优化家族的进化开始，也确立自己独特的生命意义。因此，每个人的生命意义都不一样，因为每个人的原生根源都不一样。**

孝顺，同时是人出生的其中一个重要目的，就是帮助父母清理在你血液里留下的坏业障，栽培在自己身上留下的好种子。解放父母和自己，让生命以更优化的状态延续下去。

○　○　○

# 如何修复原生缺陷

接受，忏悔，感恩，检视所承袭的，决心别再延续家族的缺陷。

那该怎样才能调校、治理和修补由原生家庭带来的分裂和疾病呢？每个案例都有其个别的处理方法，但也有客观的方向可以参考。

**1. 先接受你是谁**

必须先接受自己，接受你的家族历史即你的生命根源。关心你的原生家庭，尊重家族的存在及它的一切好坏，接受和肯定它成就了你。跟自己说：“我愿意接受我的原生家庭，因为他们是我的父母，我经他们而来。”

**2. 忏悔自己**

假如你制造了新生命却没有好好爱护和教养他的话，先原谅自己错生了孩子，然后诚意地对孩子说对不起，跟他重新建立爱的关系。

假如你对父母不好，没有好好照顾和关爱过他们的话，先向他们忏悔和道歉。

假如你觉得活得不好是因为你生命里欠了父母的爱的话，那请先主动付出爱，替父母补偿，修复伤口。能做到这样，心结就会化解，来自对家庭的怨恨便会了断，同时也能帮助父母了断他们投射或延续到你身上的分裂和怨恨。

先感谢自己，然后原谅自己的不好，我们才能进步，做个平稳、平衡的人。别跟自己纠缠，或浸淫在内疚和自责的痛苦里不能自拔，不然你将无法管理自己，也不能完成基本的责任：照顾好自己，爱自己。

### 3. 对父母感恩

你现在还能活着，部分条件也是父母给你的恩泽，别忘本，应感恩。感谢他们给你的一切。通过感谢，你可以学习放下对他们的抗拒。

感恩是一种自疗，处理我们放不下、解决不了自己的毛病的方法。当你懂得感恩时，你便会更接受你自己，和你不接受的人。

### 4. 检视你所承袭的

感恩能让你化解恨怨和固执，向前多走一步，看清楚到底父母带给你什么，哪些需要改善，哪些需要清理和割断。我们需要细致地去看，到底自己承袭了父母的什么？好的坏的也看清楚，好在哪儿，坏在哪儿，列一张清单，然后按好坏调校和改善自己。

### 5. 别再延续缺陷

即使因为闯不过自己的心理关口，或父母并未准备好，或错过了很多机会，无法跟他们在生时拥抱，重建亲密关系的话，我们也可以在个人修养上进一步代父母赎罪，或者代他们修理积累的死结，不再延续遗憾和怨恨。办法是把重心转回自己，应承自己不要延续或重复父母和家族的死结，**以改善自己为前提，终止延续他们的不是。**

决心改掉沿袭于父母的坏习惯，认真地治疗遗传自家族的疾病，坚拒重复他们犯过的错。你是可以决定自己是否要跟他们一样的。

### 6. 发扬家族的好

别因为过度发掘家族的缺陷，忘了同时发掘和肯定他们的优点或未被发扬的才华，或帮助他们实现和完成未圆的善良的心愿。清理过去的同时是发展将来，向前看。

和原生家庭修复关系是一种修养，完成你独特的生命要走的路，成就其独特的意义。在这意义下，你才有爱自己的动力和理由，才能肯定你是谁、你是你。

○ ○ ○

# 成为自由的你

全然地接受无权选择的原生家庭是一股强大的勇气和生命力，在选择接受原生家庭命运的那一刻，它认证了我们成为自己生命真正的主人，生命被解放了，我们自由了。

我们必须接受和尊重原生家庭，还有一个原因：成为自由的你。

你的生命、你的家庭是你在没有选择余地下被赋予的，你的父母没有先问准你要不要出来便生了你。是上天替你安排了这生命。当然，有种灵性的说法是，其实是我们选择投胎哪个家庭的，我们要对出生的源头负责任。这个我不做评论，由信者自行处理。

你无权选择你的原生家庭，这是生命的现实。这也许是除了天灾以外，生命中唯一无法让你选择的命运。

可是，没有选择的背后，你却得到了生命中最宝贵的资产，也正是生命的本身。

生命是你最珍贵的资产，也是你最重要、最实在、最可靠的价值，是你能非常有信心拿出来展示属于你的唯一资产，印证你就是你。**你的基本价值就是你的命。**

拥有生命是你最宝贵的资产，不管你喜欢不喜欢它。要知道对于生命，所谓喜欢不喜欢，还介意并执着喜欢不喜欢，不过是你幼稚地产生出来的情感而已，因为你还不想长大，还没有懂得珍惜和活好。

拥有生命是值得自豪的，人要感谢赐予生命的原生家庭。重新和原生家庭整合、解结，目的是让我们了解生命的来源，明白生命的神圣，得来不易，然后更懂得尊重原生家庭给予你的一切，不再抗拒它。完完全全地接受生命，学习接受生命给我们的一切，不论好丑，接受你自己，这是自爱的先决条件。

接受原生家庭，让我们放下自我，谦虚地接受没选择的生命，这份谦虚能建立爱生命的和谐振频。**全然地接受无权选择的原生家庭是一股强大的勇气和生命力，在选择接受原生家庭命运的那一刻，它认证了我们成为自己生命真正的主人，生命被解放了，我们自由了。在确立了生命的归依和重心后，这时候的我们，在面对生命中种种的挑战时，便有力量掏出勇气，选择进取、留守还是放下，不再害怕失去什么，生命从此不再软弱。**

很多人误以为摆脱家庭才能活出自己，成为自己，不再被家庭牵绊，可以自由自在做回自己，做自己喜欢的事，对自己负责任就够了，还以为你是独立的。这种自由主义是欠缺根的，也是虚弱的自由。

假如你否定原生家庭，你将永远介意自己，否定自己。当你肯定了、接受了你的家庭后，你才能成为一个“自由”的你，因为你不再需要活在否定家庭的阴影下，像未还清债务一样，只想逃避。不用逃避就是自由。**接受原生家庭能令你眼睛发亮，挺胸抬头，堂堂正正走自主的**

**人生路。这时的你才真正自由了，你明白自己内在分裂的缘由，能决心整合分裂的自己。**你开始愿意学习去爱自己，修养自己，不再混乱过活，不再浪费别人和地球的资源，没有白活、白占能源。这时，你可以大方和自信地告诉别人你的姓名，你可以去爱自己、爱别人了。

让我们学习谦虚地接受生命，和上天给我们的一切。一旦能接受天命，我们才能接受自己的一切，包括自己的好坏。**为了自爱，我们愿意改善自己，让自己超越既定的原生条件，比上一代更进步，活得更好，生命的延续因而变得更有意义。**

**跟原生家庭修好关系和感情，重新整合，解开心结，人才能真正感受到安全感和自我价值。**在这刻，你不再和谁分裂了，你解放了负面的原生枷锁，你享受独立地倚靠原生家庭的幸福，跟你还在母亲子宫里深受保护和照顾的爱的振频136.1赫兹重逢，而这自由和幸福感，激活了愿意自爱的动力，也能让你从容地享受自爱，持续自爱。

# 学习尊重

# 尊重自己：肯定我是谁

当你向别人介绍自己，说出自己的名字时，这意味着什么呢？这代表你肯定你自己，愿意对自己负责任。

之前谈到，要照顾好自己，就是要整合分裂的自己，以统一的、稳定的一个整合的自己来展示人前。要表现一个整合、统一的自己，先要接受自己，尊重自己。

我们很多时候忘记了，在尊重别人的同时，必须也懂得尊重自己。这牵涉到你是否先肯定和认同你自己，别以尊重、迁就或爱别人之名，迷失了自己。

**尊重自己的第一步，就是先肯定自己是谁。**

小孩子学习社交时，第一句学懂的话是自我介绍。我叫××，我×岁。我们跟小孩子沟通时，第一句话也会问：小朋友你叫什么名字？

小孩子从介绍自己开始确认自己的身份认同，亲自确认一个独立的、独特的自己。他不再只是谁人的儿女，他原是他。而这个称号、**这个名字，就是建立自信和承担责任的开始。成熟的人、成长的人会肯定自己，愿意对自己负责任。**

你是谁？当你交朋友时，你会像儿时一样先自我介绍吗？微博年代，我们似乎都忘了自己是谁，一贯地不负责任。后遗症是有的，我们变得越来越不敢确定自己是谁，没有为自己所选择的角色、身份和言论负责任，进而越来越迷失自己，自我否定。

细心分析后，你会知道，你选择不报上名字，不先交代职位和身份，不过是逃避负责任，不想承担后果，你不是你，你也不是谁。你在网上可以高谈阔论，自我膨胀；你在人前却抬不起头，眼睛不看人，机械一样地干活、下班，不时想逃跑，只是逃不掉，压在无奈下继续低头，隐藏自己。

你要认得出你是谁，所以你要一个名字。但是现在大部分人都不愿意告诉你他的名字。人与人之间的交流中，或者是在微博上，你已习惯甚至刻意隐藏自己的名字，你喜欢微博，是因为喜欢可以在上面隐形地批判，扔垃圾，发泄情绪。

**当你向别人介绍自己，说出自己的名字时，这意味着什么呢？这代表你肯定你自己。**当婴儿第一次面对镜子，认得出那个是自己的时候，他第一次有了“我”这个概念。在镜子前面，我就是他，他就是我。当人第一次认得出自己的时候，也是肯定“我”的存在。如果你说你是某某，你将要说的内容就是由你亲口讲出来的，你要负责任。很多动物没有认出自己的能力，没有“我”这个概念，所以它们不用也不会对自己的行为负责任。我们却不一样。

我经常收到电邮，内容是邀请我合作，或者寻求咨询。他们有时连称呼我的名字也不愿意，只写：你好，我想跟你合作，请回复我。没有下款，没有署名。我应怎样回应他呢？

只是发出简单的几个字，然后要求别人回复。到底是谁在跟我说话呢？到底我要回复谁呢？这种随性或刻意匿名的态度是不礼貌、欠诚意和不对的。第一，他不愿意代表谁；第二，他不想负责任；第三，可能他也负不起责任；第四，他的诚意严重有限。这意味着他不想对自己的言辞负责任。也许这些人不想被他应代表的单位知道，为免惹麻烦；也许这些人根本不觉得自己是什么，瞧不起自己，觉得自己是谁并不重要，甚至从来没有人尊重过他，所以他也不懂得尊重自己和别人。

**假如你没有在一个互相尊重的环境下生活过，你自然不懂得尊重和被尊重的意义。可是，当你活在一个没有你、你不是什么的世界里，你能去爱、要求爱和感受爱吗？不能，因为你不是谁，你什么都不是。**

**先尊重自己，就是先肯定自己，确认自己是谁，这样你才完整，才能表达自己。**

内地的节目《中国达人秀》很火，演唱帕瓦罗蒂《今夜无人入眠》“卖菜版”的五十五岁卖菜婶婶，一身工作服，束着小甜甜的辫子，站在舞台上堂堂正正大大方方，向评委大声说：“我是蔡洪平，我是卖菜的，我最大的梦想就是能把我的歌声带给更多的人，让我能够在世界的舞台上展现自己的声音。”她对自己的职业没有丝毫自卑感，对自己发自内心地肯定和骄傲。因为这份骄傲，我们也为她的勇敢感到骄傲。这个女人很了不起。你有像她这样的勇气吗？你可能读过大学，职位很高，可是你在面对陌生人时不敢正视和说出自己的名字，实在很丢脸。当很多人连自己的名字也羞于坦白，跟别人说话时眼睛无法正视对方时，这位大声叫出自己名字的卖菜婶婶实在了不起，起码她敢于拥抱梦想，坚守尊严，生命令人敬畏。

**在西方的演讲会上，轮到台下发言时，都有这样的规矩：先举手，被选中时站起来，先主动报上名字才发言。这是为什么？是为了尊重。先尊重自己，肯定自己，这是表达自己的第一条件：先对自己负责任。**

因为尊重了自己，你会变得主动、大方、自我肯定。你会主动向熟人打招呼，在电梯跟邻居打招呼，向小贩问好。**向别人打招呼问好，不为利益，纯粹因为你对自己感觉良好，愿意向别人肯定你自己，同时肯定别人存在于你的世界里，各自的世界，彼此照亮。**

记得在初中时代，我是个自我隐藏的人。自卑、自我否定，走路低着头。一天早上，在学校附近看到一向严肃的、非常权威的意大利籍修女校长，马上假装看不见，急急地走过。谁知校长截停了我，我心想这次一定被责骂了，可令人讶异的是，她竟对我微笑鞠躬说早安，以身传教，教会我这个没自信、逃避的学生应如何面对自己和别人。这位谦卑的校长，从此教晓我什么是尊重自己。

你不敢介绍自己，也是不敢面对自己，因为你也瞧不起自己的身份，你并不为自己的职业、角色、背景感到骄傲，你甚至穷尽一生都在逃避你就是你，以及之所以成为今日的你的历史、家庭和关系。你应当开始明白为何自己无法建立自信，总是对生活和人生不满的原因是什么了。

**尊重是什么？那是面对面、眼对眼展开沟通，给自己和别人面子，愿意平等地共存。**

你没有肯定自己，所以才害怕别人离开你，害怕失去谁。当你很怕谁离开，很怕失去时，其实是你没有先肯定你的存在，没有先爱你自己。

简单来说，你没有尊重过你自己，你连自己是谁都不敢肯定。为什么不敢肯定呢？因为要负责任，包括痛苦的责任、伤心的责任、承担的责任。你心里很清楚："我肯定了自己，我便要对自己负责任。"你否定了自己，以后便可以逃避问题。

当然有些人相反，他们表现得很自我中心，全世界只有他自己，自己很重要，要求别人都要配合他，把他放在第一位。这种人太过自以为是，以为自己了不起，但是你会发现，他们其实也是在隐瞒和掩盖内心那个虚弱的自己。他需要靠别人来肯定自己的存在。当你不敢肯定自己的存在时，你会容易借用或利用别人来肯定你，剥削别人的能量来陪伴你、认同你。以自我为中心的人可能是最脆弱的人，不想承担自己的责任，其实跟三岁小孩没有分别，原来你没有长大。

**尊重是一种力量，也是一种修养。你能懂得尊重自己，才能被人尊重，也知尊重生命，爱惜地球，懂感恩。**懂得尊重自己，自然也会懂得尊重别人，对别人感恩。当你遇到值得感谢的陌生人，有修养的你，会不分对方的阶级和身份，主动报上自己的名字，再问对方的名字，然后恭敬地直呼对方的名字，说××，谢谢你。

这是最尊敬的感恩，因为你由衷赞美和肯定的不是无名的他，而是拥有名字的、独特的他，也是拥有名字的、独特的你。

○　○　○

# 为什么要谈尊重

人的相处应该是这样的，就是面对面、眼对眼的亲近关系，不是纸上谈兵的理论。这是一种“有你有我”，不只“有我”的胸怀。

**尊重是什么？人的相处应该是这样的，就是面对面、眼对眼的亲近关系，不是纸上谈兵的理论。这是一种“有你有我”，不只“有我”的胸怀。**“有你有我”是指，不会只有一个你在不断讲话，没有理会对方的存在。尊重的环境条件是我跟你、我跟这个世界、这个社会、这个宇宙同在一起，才需要讲求尊重。反过来说，只有一个人，谈不上尊重的需要，你自己活好就行了，因为，尊重的意义是对应于这个自己必须在群体世界中生存才成立的。

为什么要讨论尊重这个话题呢？

眼看在这个年代，自从出现了智能手机、微博、微信之后，人与人之间的沟通方式大大改变了，变得方便，却不再亲密。促进交流的科技本身没有问题，它确实是很伟大的发明，带给我们很多便利，让我们更容易接触别人、世界和信息，但是反过来，我们错用了它的话，便会造成很大的隔膜。

细看现代人是如何沟通的呢？**在手机年代、微博年代，“人”这个概念走到一个破产、隐形的地步。**怎么说呢？智能手机有很多功能，你以为掌握了一个功能之后，便好像得到了一个权利，譬如你的手机可以拍照片，你便随便拍，并不需要得到谁的批准。我们在脸书

（Facebook，社交网站）、微博上转发或所谓的“分享”，也不过是因为有这样的功能，我们觉得“应该”用它，理所当然地用它。因此出现了你随便对着别人拍照片，不管对方是否喜欢或愿意，或者录音、录像，因为你觉得手上已拥有这个方便的功能，你买了这个功能，你觉得已拥有了它随意使用的使用权，可以随时把未经同意拍下来的东西转发和分享。

这里出现了什么问题呢？

在这事态上，你跟谁的关系最密切？肯定不是被拍者，而是这个功能。不知道哪里来的权利，你通过它做喜欢的事、无意识的事，只因为你觉得有功能在手，人人都可以这样做。**功能决定了行动，也扭曲了权利，埋没了尊重。**

你有没有想清楚这些行动的目的是什么？在微博上，百分之九十的留言或评论其实都是不经细想、随便抛出的垃圾。对事情没有正面影响，甚至对自己也谈不上过瘾，只是不行使这响应的功能的话，你的心会慌张，原来这功能的设计意图正是为安抚你害怕寂寞的心理，你希望通过使用这些表面是沟通的功能，让自己每时每刻都投进虚拟沟通的假象中，令自己不愁寂寞，不被离弃，不再隐形。

**说白了，其实我们热衷上网、响应、拍照后转发，不过是想告诉别**

**人“我存在”“别忘了我”。“求关注”变成这个沟通残障时代的集体心理病。**这种关注是以自我为中心的，甚至是害怕失去自己的病态行为。你所牺牲或忽略的，讽刺的正是不再懂得尊重别人，也忘了先尊重自己的人格。

我们现在在馆子吃饭的病征是先不吃，也不看，先举起手机拍照片，马上转发给可能连面也没见过的所谓朋友，确保你连吃饭也有“人”在陪伴你、关注你。我们一旦离开手机，无法转发短信时，内心可能非常空虚、不安或恐惧，现在甚至有新创的心理病症叫“无手机恐惧症”。**这是低头的年代，现在所有人每时每刻都向手机屏幕低头，忘了要抬起头做人。**

其实你知道问题在哪里的，可是你舍不得离开，因为离开这行为后，你突然变得一无所有，不再被关注，极度空洞。这样活的你其实很可悲，你到底跟别人分享了什么？分享的内容是什么？大部分都不是原始的内容，不过是拿来主义式，把别人的图像和说话翻几翻后变成“自己”的东西。**我们早已忘了应该尊重信息的来源。**不再咨询一下对方是否愿意让你拍照或录像、被你转发或分享、被分享后对方的感受如何等等。你只关心自己的空虚问题，为了令自己变得富有，**你能拿出来分享**

**的内容，讽刺的都是别人的东西，你根本没有自己的东西。**唯一属于你的内容，大概就是那顿饭、那几盘菜，你却只关心拍照传送到网络上去，对饭菜非常不尊重，更可能还浪费了。

更不用说，我们早已忘了需要尊重知识产权的问题，你甚至会自辩说："谁都是这样在网上拿来用的，你不喜欢被使用便不要放在网上啊。"这种说法相当恐怖。你可以说，谁都是这样。但谁都在做的事情不一定就是应该的、合法的、合乎需要的。**我们需要懂得用自己的判断力去判断，别说谁都做了，我便应该可以做。你会盲目跟从"羊群效应"，失去了自己的判断力。你已走到失去自己的边缘，甚至已彻底失踪了。**

**我们需要重新重视尊重别人的修养和原则，因为我们同时也变成不被尊重的受害者。**通常那些不觉得随便侵犯他人私隐是有问题的人，其实也不懂得尊重自己，譬如自己的人格。能在网络上随便胡乱发表不负责任的言论以求发泄，不过是因为你在利用隐藏自己真正身份的功能而已，你刻意不想负责任，靠刻意中伤、占用、剥削他人满足自己。这就是说，你的行为背后同样是否定了自己，不想承认自己是谁，对言行负责。你首先没有尊重你自己，一直在逃避自己。

**尊重是对自己、对别人、对生命的肯定和重视。**

○　○　○

# 什么才算是尊重

尊重是一种交流的艺术和修养，需要彼此怀着良性意愿去协调，并且适可而止地表达你的想法和感受。

尊重涉及人与人之间的沟通。

很多人对尊重有误解或预设的价值观，以为只要对别人怀有好感，靠近对方，向对方表达认同、欣赏或传达对方的信息，便是一种尊重。有人甚至说：“我因为喜欢你才吻你的。”或者抱怨：“我尊重你才要求跟你拍照或握手，为什么你不领情？”这些情况多半发生在爱慕之情或者迷恋名人、追星的情况下。他们觉得，只要我喜欢你，我做什么都不应有问题。

这只是站在个人喜好及欲求的立场和角度，滥用“尊重”一词来合理化和包装自己的行为，可这些行为难免容易惹起对方的不满、不认同或抗拒。这时，你会感到受伤，因为对方不欣赏你对他表达的所谓“尊重”。但其实你搞错了，这不是尊重，这只是一厢情愿的、单方面的欲望行为，并没有得到对方的认同、认可、容许或心甘情愿的接受。说白了，**你不过在勉强别人做你单方面感觉良好的事情，你其实并没有尊重别人的意愿和感受。**

要知道怎样才算真正尊重别人，必须先弄清楚你表达认同、亲近对方，或者和对方相处到底想得到什么。

你要先问自己以下的问题：

1. 当你想亲近对方，在表达自己这个想法时，你预期对方的反应会是正面的吗？

2. 你准备用什么方式向对方表达你对他的关心、关注、尊敬或爱慕呢？

3. 你们彼此有没有正面的沟通？抑或刻意隐藏，不敢表露自己？

4. 你们沟通的方式是虚心聆听，抑或强迫对方表态，只顾发泄情绪或压抑？

5. 你有没有用心感受过对方和自己？

清楚知道自己想要什么、想表达什么后，不妨换个立场，从对方的角度为他设想，到底你是否知道他的意愿、想法和感受呢？你是否重视他想要什么呢？

**很多时候，我们只关心自己的想法和需要，却没有关心对方的需要。**尤其是在对方并没有做到你预期或希望的响应时，你可能会埋怨，为什么他这样冷淡或被动？我已跟他主动沟通了，我觉得自己已很尊重他了，为何他还是沉默？

你要明白，你不是他，他有他的需要，也有沉默的权利或表达的难处。**沉默并不代表他不尊重你、轻视你，可能不过是反映了他在沟通上**

**的无能、无助和脆弱。**他不是不想跟你沟通或交流，可能只是不懂得表达或交代事情和感觉而已。

但沉默不是借口。真正能带来和谐、良性交流能量的沟通，是需要向对方主动和尽量清楚地交代你自己的。**交代是一种尊重。我们有责任在对方合情合理的期待下向对方交代，目的是让对方安心，让自己清白。**譬如你应在合情合理的情况下主动对亲人报平安，别让他们担心你。这是尊重，而非牺牲了自由。在这种情况下，我们不应太过自我中心，不理会别人尤其是最亲密的人的感受。

**我们也应尊重和认同一点，就是在亲密关系或健康的人际关系里，对方对你未曾表达的想法和计划，拥有合理的知情权和与你交流的期待。**

**尊重是一种交流的艺术和修养，需要彼此怀着良性意愿去协调，并且适可而止地表达你的想法和感受。**别太苛求或勉强。我们应互相尊重对方的空间、隐私和自由，但同时不忘表达你对对方的关爱和照顾。

○ ○ ○

# 当心自我膨胀

利用别人来成就自大的人其实很自闭，最终不过是孤立了自己，制造更多不必要的关系角力或暴力，为自己和别人带来伤害和不安。

很多年前，有一个编辑找我，跟我说她很欣赏我，很喜欢我的作品，希望跟我做一个采访。她说她看过我所有的采访了，没有一篇能写出真正的我。我说那你要怎样跟我做采访呢？她居然说，其实她已经写好了。天，我还以为自己听错了。但她说真的写好了，我说但你从没有跟我做过采访呢！她说没问题，反正就是已写了一篇最好的了。我说那请传给我看一下。她传过来了，果然是一篇“杰作”。首先，文章内没有任何一句话是我说的，而且，整篇文章都是她凭空想象写出来，充满了感性的、个人色彩的文字，相关的材料只是从网络上东抄西抄未经核证的内容，很多都不符事实。我马上告诉她这篇文章不行，第一，根本不是采访，不是专业的报道；第二，内容都不是事实。我说我不认可这种非专业的所谓采访，而且觉得她非常不尊重我，请她不要刊登。

谁知她听后马上反目，情绪激动，感到很委屈和很受伤地跟我说：“我是很优秀的作者，我个人很喜欢你才写你，你不喜欢我所写的不要紧，但我还是觉得我这篇采访是写你最好的一篇。没关系，我还是喜欢你的。”然后她就不管我了。

她把问题归结于我是否喜欢她写的内容，而非内容是否属实上，对人不对事，明显是以感情用事处理事情的典型例子。

什么是目中无人，自以为是，大概能尽显在这位刚大学毕业的女生身上。自我膨胀的人无法容下别人，因为他除了自己，什么都看不到，也不觉得重要。自觉优秀，眼中只有自己，最基本的没做好，只觉得自己所做的都是了不起的，也不听取别人的意见和批评，自我中心爆棚。这些人因为自大，不可一世，到处会碰钉子。可是他们只会觉得怀才不遇，没有人赏识他们，唯有以更大的自我膨胀来掩饰没有被认同的心理缺失。

当心因自我膨胀而忽略了尊重别人。**利用别人来成就自大的人其实很自闭**，他们只能死守在单向的自我认同里，拒绝理性沟通，一意孤行，死要面子。他们不能接纳别人，只活在自己的世界里，最终不过是孤立了自己，制造更多不必要的关系角力或暴力，为自己和别人带来伤害和不安，无法在和谐的、互爱的共振频下和别人相融和共处。

所以说，**尊重是一种修养，从调校自己开始。**

○ ○ ○

# 贰 如何进行自疗

你混乱了

# 你要自疗什么

接受自己后，要踏上自爱的路，我们首先要认清自己各种分裂的元素，逐一清理、调校，一步一步学习照顾自己，爱自己。

自爱和修行，是学习搞清楚自己的混乱，在乱中求定，人才能有力量培育智慧，面对一切的好与坏。

自爱是自我疗愈的过程。

要知道疗愈什么，应先看到自己的弱点在哪里、病在哪里。

**人性的核心弱点离不开三大元凶：混乱、贪念和懒惰。**这三大元凶制造了不同程度的不安和伤害。我们要疗愈的，正是它们的后遗症。

关于贪念，不同时代和背景的宗教、道德观、心理学、灵修信仰等范畴已谈论或分析过上千年了。没有人会否认它的存在和害处，也知道自己潜藏着或表露着贪欲的危机，甚至已造成了困扰或祸害。转化贪念需要修养自己，这点是毋庸置疑的，这里我不打算细谈。至于懒惰，不用多说，每个人应很清楚它的潜在害处，知道应该调校这陋习。

这里我想细谈的是混乱。

○ ○ ○

## 情感意愿的结果

我们依主观情感意愿看人、看自己、看世界，然后做出判断的话，容易造成很大的混乱，因为活在分裂的状态下，我们难以看清楚真相。

别以为混乱跟你没关系，别以为你是井井有条的。你错了。大部分人都以为自己的想法很清楚，以为自己已表达得很清楚，因为我们是依照自己的思路去表达，总以为自己的思路是正确的、顺畅的。不过，这愿景只发生在你自己的世界里。你的顺畅可能是别人的交通堵塞或混沌，而你却没有察觉到，因为你只活在自己的细小世界里。

构成我们混乱的重要元素是**自我分裂**。

前一章已谈过，我们其实很分裂，我们并不是一个整合的、完整的人，每人都有n个自己，我们只是n个自己的合成体。在不同场合，见到不同的人时，我们都会展现不同的面貌。甚至当我们面对自己的内心时，也可以发现我们有不同的、压抑的、深藏不露的自己。当你想催眠自己，觉得自己很美时，你在镜中看到的自己便会变得很美，或者你花了很多钱买化妆品，涂在脸上后总会说服自己，以为自己真的变美了，看起来年轻了。

这是造成我们如何看自己的障碍：我觉得如何，我想象如何，我用强大的意愿制造真实的感觉。可是，这愿望再大，也可以跟真实相差甚远。所以有女人看不到自己不够美，自我催眠充满自信，自觉很美然后去选美。或者相反，总觉得自己不够美，活在极度自卑中。

**我们如何想象自己，便会导引我们成为一个怎样的人、我们以为的那个自己。**同时，我们也想象别人是个怎样的人。**我们依主观情感意愿看人、看自己、看世界，然后做出判断的话，容易造成很大的混乱，因为活在分裂的状态下，我们难以看清楚真相。**

混乱能令我们难以做决定，陷入迷茫中，无法理性地行动，或者做了错误的决定，自伤伤人。

一般情况下，我们很少察觉到自己很混乱，但当我们被追问、被查询时，我们的混乱才现形，这时我们才发现自己原来很混乱。

譬如我问：**他对你好吗?**

你可能选择不直接回答，却告诉我他曾买过什么给你，或者他帮过你什么忙，令你释放了。你甚至会举出很实际的事例来回答，但其实你并没有直接响应我的问题。我的问题是：他对你好吗？你只抓住一个字："好"，将之无限扩大，你希望证明他的好，而非他是否对你好。你要不是没听清楚问题便响应，便是故意避开你潜意识里不想响应的问题，只选择你想表达的内容。为什么呢?

因为我刚才的问题可能隐藏了潜台词，即带着质疑性地问：其实他真的对你好吗?

你可能很想制造一个你想要的答案，即你很想他真的对你好，所以你听到我的问题里有个“好”字时，便尽量搜索和“好”有关的记忆素材去成全你的意愿，令你最终能有“根据地”回答：他是好的。**所谓客观的事实不过是经过过滤、筛选和加工的结果。因为你的主观意愿太强，强到可以制造客观性，令自己信服。**你希望答案是好，你便会用尽方法令它变成好。

我的问题是：他对你好吗？你只选了他做过你需要的事件来支持你觉得他好，但你的答案并不能代表他真的对你好。让我再追问下去：那他买东西给你，或帮助你时的态度是怎样的呢？

这时你被逼多走一步，看清楚真相：对，他的态度确实并不好，甚至是很差劲、敷衍、嫌弃和恶劣的；他真的给你想要的东西，帮过你解决难题，但他真的对你好吗？

你死命地说服自己真的觉得他对你好，因为你已取得你要的东西，你舍不得放手。你觉得没有他便没有那些好处，但他并不是真的对你好。你不敢正视问题，潜意识令自己听不到看不见对你制造不利答案的内容。我需要追问下去，逼使你看清楚、记清楚，真相才会现形，你开始哑口无言，你才开始质疑或接受其实他可能真的对你不够好，这是你最害怕确认的答案。

其实我们常常有这种犹豫：要不要买这股票？要不要追这个女生？要不要买这东西？我们会合理化自己的意愿，逃避看清和听清全部面貌，甚至只希望随着自己的想象和欲望去做想做的事，不顾后果。这是容许情感意愿去主导想法和行动，结果导致思维和事态的混乱。

# 欠缺自我了解的结果

每个人都是由很多层自我折叠合成的，假如我们混乱地、懒惰地，只惯性地活在想象的那个自己里，我们其实对自己一无所知。

再来一个问题：**你觉得自己本性善良吗？**

你可能觉得，你很清楚自己是善良的，因为你愿意自己是个善良的人，所以你会回答：我是本性善良的人。

若我助你发掘所谓善良的证明，你可能会发现，原来你的善良可能是出现在对你所爱的人身上。你很关心他，尽量在他面前表现出你是善良的人，于是你便以为事实上你好像真的是个善良的人，因此你可以堂堂正正地告诉我你是善良的，你本性善良。

但若我再追问你其他事例，譬如情史，你才赫然发现，原来你曾经狠狠地抛弃过某些人。你真的曾经有动员过狠心的本性，不管理由是什么，你真的做得出，狠得下心，因而伤害过别人。你发现后，起初会用很多理由自辩，如问题在对方不在你，所以你需要狠狠地离开他或抛弃他。但事实上，你确实能做得出狠心的事。这个你，本性也算善良吗？**你清楚自己到底是个怎样的人吗？抑或你会掩盖你不想浮现的那些分裂的自己？**

瞧，我们一直用想象，一厢情愿地隐藏着那些真实的自己。

当你照镜子时，有时会感到心寒，或者突然发现并不很认识自己，对自己感到陌生。看别人也一样，突然会发现对方很陌生，像变成另一个人一样。这时你才知道，你并不如你想象中的稳定和统一，其实你是颇混乱的。当你不确定、不清晰时，你便会慌乱。平时在没有被质疑、查问或挑战时，你不会自觉内在的混乱，因为少有人会深层次地追问你，或者你的回答很容易被接纳，不再被追问，那你便没有机会被“起底”，揭穿自己的深层面目。

当遇到某些启示时，譬如在学习或治疗过程里，你发现原来你有另一些你并不认识的自己。同样的发现也在别人身上发生。你会发现你并不熟悉他，并不真正认识他，即使已在一起很多年。

譬如你一直以为他喜欢吃水果，突然才知道原来他已经不喜欢了。譬如她昨天还说喜欢玫瑰，今天突然喜欢上郁金香，却期待你知道。你要留意自己也可能出现这种突变的情况。原来你在表达自己时很多时候欠缺内容和方向的稳定性，也没有给予别人合理的心理准备去接受你突如其来改变的主意。或者你在改变主意后没有做出适当的交代，因此对你有合理要求和期待的人会失望。这些心态上、喜好上、思维上的变化或摇摆，令你和别人陷入混乱，难以配合，制造不安。这造成了你和自己、你和别人在关系和情感上的鸿沟。

这些混乱，一半是你欠缺自我了解或了解别人的结果，一半是因为粗心没有交代的结果。

**每个人都是由很多层自我折叠合成的，假如我们混乱地、懒惰地，只惯性地活在想象的那个自己里，我们其实对自己一无所知。**所以，当困难出现时，我们便混乱、无助和迷惘，不懂得处理，正因为原来我们对自己并不了解，甚至感到相当陌生。

欠缺自我了解的你，特别容易介意别人对你的评价，难以接受被别人批评，哪怕只是被别人说了一句很随意的话，譬如："你怎么又来了？"你还没有听清楚，便已反射作用地动员了负面的情绪和内心的脆弱来回应，心里想：他是不是很讨厌我？我是不是来错了？你马上自我否定，乱了阵脚。

你的响应往往能反映你的内心是强壮抑或脆弱，正面抑或负面。

你可能会问：**那我该怎样做才能清晰地了解自己呢？**

回到刚才那问题：你觉得自己本性善良吗？其实这是很复杂的问题，复杂所指涉的是人，是你，不是问题的本身。人都是复杂的，你肯定有邪恶部分，有贪欲。你怎么知道或确保何时会善良，何时变丑恶呢？当你在公厕捡到一个iPhone（苹果手机）时，你要拿走抑或放下？拿走是代表你贪心和邪恶吗？不拿走代表你善良还是笨呢？这里可以带出很多道德辩论，我们有些时候其实并不很清楚原则要放在哪里，抑或其实并不需要那么认真。我们在不同时候和情况下都会自动调校某些道德原则，这里没有简单的方程式。

所以我们难以恒常地保持清晰地看待或处理任何事，需要一步一步地成长才能响应问题。三岁、十三岁、三十岁、六十三岁看同一件事情，我们也有不同的观点和立场，因为阅历、年龄和身体的变化，让我们对世界、对自己产生的看法和欲望都不一样。**要变得清晰，不制造混乱或麻烦，我们需要成长，这是人生的责任。**别介怀成长的过程会辛苦，再辛苦也是要上路的，这就是人生，不能推卸的人生。

○　○　○

## 没听没看的结果

我们只是靠想象和记忆去制造所听到和看到的“真实”，我们都比我们想象的粗心。

我们常常以为自己想得很清楚，说得很清楚，可是最后发现原来问题在自己处，其实我们并不清楚。为何会这样呢？因为我们没有用心去看、去听、去问。

大部分人其实是不听不看的，或者只是很粗疏地听了看了，没有用心，也不放在心上。**我们只是靠想象和记忆去制造所听到和看到的“真实”**。就像你来听我演讲，估计大部分人是带了一个对素黑的记忆、印象甚至想象而来，譬如很多人以为我高个子，看到我后才发现原来我那么娇小。

你其实没有用心细看和聆听身边的人，包括跟你很亲密、你每天见着、你以为应该很熟悉的人，你只是用了记忆来想象他们。

我们平常所想、所做的，跟别人沟通时的内容，其实可能跟现实存有很大的距离。譬如我们常常觉得明明付出了很多，努力了很多，还是没有达到预期的效果。这个“效果”是什么意思呢？就是我们期待的不是所得到的。我们应先反省一下，是不是自己混乱了，却以为自己很清醒，其实我们都比我们想象的粗心。

说粗心是相对于细心。**混乱的相对面是稳定、清醒、仔细和细心。有些人常常以为自己很细心，但是其实很粗心。**

**粗心是指你带了期待和记忆做事，或者跟别人相处，但你没有在当下细看。**你以为对方是这样那样，需要这样那样，可是那可能是十年前的事了，事实上他已变了，你并不知道。可是你还埋怨对方没有领你的情，让你白白为他付出了，你自觉已经很用心很细心地对待他，他就是不理解你。这是一种感觉上的矛盾，而非事实上的矛盾。事实上他已经变了，只是你没有发现而已。因为你没有与时俱进地细看和聆听，你忽略了原来人是会变的这个事实，你却还活在期待不变的希冀中。**是你停步了，别人却在前进。**

我们对自己也非常粗心。

我看个案的时候，常常会问受疗者这个问题："你有便秘吗？"

大部分人都惯性没听清楚或想清楚，不经大脑便回答："没有。"我故意再问："真的没有吗？"他们才开始怀疑，回答："应该没有吧。"我再追问："那你多少天大便一次呢？"他们才开始算，才发现原来并不很确定，大概一两天吧，再问可能又改口变成三四天吧。我再问："你不是说没有便秘吗？"他们才突然从糊涂中苏醒过来，马上尝试自我保护，反驳地问："不是说三两天都是属于正常的吗？"然后找很多理由想说服我他说自己没有便秘是正确的。

他们第一没有听清楚，第二不了解便秘是什么，觉得问题很普通，随便寻求自己的记忆来回答：“今天早上有大便。”不过，他们忘记了上一次原来已是三天前了。

当问题是A时，很多人连想也没多想便回答B。我再问下去，他们更会拉扯到C或D去，待我再反问：“其实我最初的问题是什么呢？”大部分人都会哑口无言，早已忘记了，或者根本没听清楚。

在日常沟通上，很多人会出现“问A答B”的混乱情况，产生很多矛盾和冲突，尤其是在男女之间。

譬如我问：“你吃过饭没有？”很多人会误听到我问刚才那顿饭好不好吃。我不是开玩笑的，确实很多人尤其是女人，会马上把听到的问题转化成自己惯性处理信息的方向或喜好。**女人不喜欢用简单数据响应你，却喜欢用带情感记忆的形容词来表达自己，重视相关的情感记忆，即所谓“感觉”。**譬如感觉是否好，是否开心，是否漂亮，是否喜欢等等。

她肯定是吃过饭了，但是她不直接响应已吃过饭，却会告诉你刚才那家餐厅用来盛饭的盘子美不美、餐厅的设计是什么风格、环境如何、灯光怎样等。她可能不自觉便回答了这些内容，甚至觉得提问者也应该很希望知道这些信息，因为她会觉得“吃过饭没有”这个问题太平面，很多余，无法勾起她的兴趣，于是她会选择回答她更感兴趣的事情。

**女人的思绪以感觉出发，你问A她会给你B的答案，因为B的答案跟她的感觉有关，这就是答非所问。**不过她会觉得这个答案很有质感，很实在，觉得也是你想知道的内容，更重要的是，**她抱有想跟你分享这感觉的欲望。**换成是男人，他可能要求的就是给我一个A的答案吧，她却给他B的答案，但他可能只想知道吃了还是没吃，她多答了别的反而令他觉得她没有回应自己，多余了。结果，双方都觉得对方不理解自己，没耐性聆听，造成了沟通上的鸿沟。这，就是乱。

尤其是在思路和语言沟通上，我们常常陷进混乱中而不自觉。我们总以为自己已很清楚，可永远只有你自己明白，别人跟不上你的思路。在这种情况下，双方可能也搞不清楚到底谁较混乱、谁较清楚；到底问的有没有问清楚，答的有没有答清楚。最后再问他们到底最初的问题是什么时，可能谁都无法追溯，都已忘了。

我们不是经常遇到这种沟通上的混乱情况吗?

○　○　○

# 负面情绪振频的结果

当你情绪混乱时，身边的人也会感觉不舒服，正因为我们的振频能传达到对方身上，让他们的细胞马上也感受到相同的振动。

很多人看不到自己哪里混乱了，尤其是当你跟别人说话的时候。假如你细心一点、清醒一点地反观自己的话，你会发现，**原来你所想的和所说的可能完全不一样。**

譬如你很关心他，你想问他是否开心，最近工作上有没有烦恼等。可是当你看见他时，却被他迟回家的状况破坏了情绪，你把刚才想问的“你开心吗”截停了，被“你为什么这么晚回来”取代。

为何会这样？因为你虽然原本是想关心对方的，不过看到他做了跟你的期待不一样的事情后，掀动了情绪，被脾气干预了你的关怀。你可能原已满肚子气：“我等了你三小时，我准备了好多话要告诉你，你却拖到现在才回来。”结果一看到他你便气上心头。瞧，你已经被自己的情绪控制了，你只能说晦气语，忘记早已准备的温柔。

**很多时候我们都有这样的经验：想问的跟开口讲的、之前想好要讲的完全不一样，结果制造了很多负面的沟通经验和情绪。**

譬如本来你不想跟他吵架，但是不知道为什么，你们一见面便会吵架。其实在见面前你已准备了很多爱语要跟他说，可是见面后马上忘记了。我常说“其实我们是很混乱的”正是这个意思。**乱，是因为我们不自觉地被不同的情绪控制了反应。**

我们很容易被外界因素影响情绪，譬如室内空调冷了一点你便不安了，他晚一点回来你又不安了，听到不好听的话你又武装起来了，你甚至不是很清楚自己的想法或心意到底什么时候会改变，但可以肯定的是，**你很容易变成情绪的奴隶，任由它带领你走向哪里，你只是顺从地跟着，影响你和别人的相处。**

情绪乱了有什么不好？情绪乱了，你的乱同时也影响别人，制造不安和麻烦。

乱不仅影响你一个人的感觉或状态，也会影响别人，尤其是混乱的情绪。

**我们都很清楚，当我们发脾气的时候，受害者都是你旁边的人。你多一点快乐，别人也多一点快乐；你多一点悲伤，周围的人也会感染你的悲伤。**

我们都不是孤立的存在，人是群体的生物。你现在带了什么情绪进来演讲厅里，你便会把同样的情绪和状态传染给坐在你旁边的人。这是很科学的事实，因为每种情绪都会发放特定的振频。**当你情绪混乱时，身边的人也会感觉不舒服，正因为我们的振频能传达到对方身上，让他们的细胞马上也感受到相同的振动。**

我们也许都有过这样的经历：走进一个空间，马上感到说不出的不安感，老是觉得不舒服，想尽快离开。虽然我们没有看见有什么不对劲，就是感觉有点异常和不安。

相反也一样。有时我们走进一所房子，就是有说不出的舒服感，像回到前世的家的感觉，你甚至有冲动想马上把房子买下来。你不知道为什么，就是觉得跟它很投缘。

又譬如我们遇上某个人，就是有说不出的讨厌或亲密感，有人不用说话也能神交，也有没接触很多便一见如故，像十多二十年的老朋友一样的缘分，能不用言语便能互相明白。为什么？**因为彼此发放的振频能量没有勾起自己和对方负面的情绪，反之，却传递了平静、安心、满足的振频。**

相反，也有跟你生活了几十年的伴侣，你可能到现在还是一点都不理解他，早已失去共鸣的感觉，彼此的振频不协调，容易惹起不快不安的情绪。若对方以为很理解你，会让你感到压力和不爽，因为他活在记忆里、想象里，没有真正去看你和听你，不知你的变化、感受和需要。你们还在一起，不过是怕麻烦不想处理分手带来的冲突，反正已成习惯，懒得改善罢了。

○　○　○

## 乱问问题的结果

问错问题让我们活在被误导的伪安全岛里，继续拖拉和纠缠，逃避成长，不想真正解决问题。

混乱除了反映你没有看清楚，没有听清楚，及思路欠清晰外，更反映你内心的分裂、隐藏或压抑。通常可以从检阅自己经常问的问题，看是否问错了着手，侦测自己是否混淆视听和概念。

**学懂去问问题很重要，能让我们避免陷入混乱和糊涂，看清楚自己现在的困局到底是客观事实抑或是自作自受的结果，也让我们重新检阅自己所相信的是否合情合理，准备自己走好下一步，不再走错。**

举一个例子。你困在一段感情关系里，不想放手，但对方已不再爱你。你想留住他，于是你找理由尝试游说他："能走在一起那么多年不是偶然的，必须有很大的缘分和很深的感情才能做到。我们已在一起十年了，不是证明我们还有爱，还有缘分吗？请别放弃我们珍贵的感情。"

这个论点的谬误在哪里？所谓很大的缘分和很深的感情，并不是能在一起很多年的必要条件。贪图依赖，懒于处理和面对矛盾，一直拖拉和逃避，没有勇气承认错爱，贪财贪色贪方便占对方便宜等等理由，也足够可以令两个人糊里糊涂地、不清不楚地维持不三不四的关系很多年，原因跟爱无关，也跟缘分无关，不能证明还有爱。是不是应珍惜，反而是最吊诡的问题。是你想找理由掩饰真相，是你害怕孤独不想分开而自制混淆的理由催眠自己。你应问的问题是："到底我在逃避什么、害怕什么而不肯放手和面对现实呢？”

**别问令你更蠢的问题。**

再看这个问题：“经常保持清醒其实有什么好处呢，不是会很累吗？做人有时不是糊涂一点更好吗？”

这是好的立论吗？提出这种问题容易令听者产生幻觉，误导他们有被点醒了的感觉。对啊，要清醒是很累的，糊涂一点也不坏。但到底这推理令你觉醒了还是愚笨了呢？

当你陷入混乱，解决不了问题时，你才希望找方法搞清楚问题，让自己清醒一点。要这样，你是需要付出的，寻找清楚的过程会让你累，因为你要努力，会遇到困难等，这就是所谓的“辛苦”。但这所谓的辛苦的目的是什么？它不正是为要解决或改善问题的必然过程吗？假如这是必然过程，你反过来想否定它、拒绝它，觉得它不好，你是否已偏离了原来的目的呢？你是否已走偏了，忘了原来你需要解决问题的初衷呢？

**为何我们会掉进这种混乱的逻辑里，制造更大的混乱呢？**不管我们曾经学过多少知识，知道多少理论或道理，我们原来并没有好好运用它们，没用好大脑，没有在关键的时刻善用它，所以我们会容易混淆视听，通过把问题“翻转”来回避问题。为什么呢？原来这样可以令自己懒惰一点，不用处理问题，暂时放弃不去管。对，人糊涂一点不是错的，不太累不就是养生吗？没什么不好。还是先不管那混乱吧。

**你在纵容自己懒惰。**这是章首提过人制造混乱、不安和伤害的三大元凶的第三位。

要清醒还是糊涂，选择的理据是什么？人要有勇气选择真正能解决和改善问题的思路方向。**问错问题让我们活在被误导的伪安全岛里，继续拖拉和纠缠，逃避成长，不想真正解决问题。**

**层递追问能帮助自己发现内在的分裂和混乱，同样的，学习反问自己也能检阅自己是否混乱，想漏了或想错了。**这些都是检阅自己的好方法。

# 惯性懒惰的结果

混乱，可能只不过是因为你懒惰，养成得过且过、爱理不理、敷衍了事的态度，结果乱上加乱，最后真要改善时，已乱到无从入手。

混乱，其实可能只不过是因为你懒惰。

这点在职场上最容易出现。我们在工作时出现混乱，造成出错，被上司或客户批评，大多是懒惰的结果。工作不是谈情，我们有客观的工作标准水平，就是所谓的“专业性”。专业性包括调控效率、犯错率、沟通清晰度、跟进度、应变能力、档案记录精准和可靠性、诚信、法律意识、尊重意识等。是不是要求很高？对，所以你才懒惰，不想付出，不思进取，令自己可以推卸责任，即使你不是故意的，也是出于惯性，可懒则懒，没有认真做好事情，尊重自己的本分。

不求专业的人将无法办好事，也给合作方添麻烦，互相消磨，制造不安和疲累。工作让人叫苦，大多是因为各人的混乱引起的。

敬业就是走向专业。

假如你工作有条理，能管理好时间，而共事者恰好也一样，那你便是很有福气，没有因为混乱直接打扰工作以至生活和情绪，还有空间理顺自己。混乱是从外到内的，你会发现，你或同事若是以下这种人便很糟糕：开会不做笔记，事后不做记录，空凭记忆办事，错了不自觉，还胡思乱想，没有为工作制订具体时间表的好习惯，不会进行宏观和长远的计划和深思，把精力全花在眼前一件事上，无法顾及其他，发电子邮

你开始混乱，反问这些似是而非的立论到底是不是歪理。对，就语义上，这些立论都是自相矛盾的。不过，我们要学习注意一点：在一般论述下，语义都应有其统一性，不能前后矛盾。不过开启心性的论述则有点不同，它的目的是训练开放的阅读，反对单一的诠释，助你打开更多视野和心胸的度向，因此它们没有自相矛盾，反而是互相补足，增加开发智慧的深度。

开启心性的句子都有其特定的语境和旨意。譬如：

道理1：这是安慰和鼓励式的说法，针对失去自信的人，叫你别小看自己，走出自卑，发掘和发挥自己埋没的才华，目的是自我肯定。

道理1.1：这是提点式的说法，叫你当心好高骛远，自以为是，提醒你别太自大。这不是说明人本身是否都有用，而是针对自以为自己了不起的人而警醒的话。

道理2：这是开启心胸的说法，对象是太执着于计较的人。当你老是觉得别人欠了你，或者你欠了别人，你一生都会活在自困的内疚或不甘中，无法解脱。

道理2.1：这是提点式的说法，从具体的情况敲醒你别再逃避责任，别再因为自私或贪念剥削别人为你付出的感情和时间。这句话的重点在责任，不在欠债。

道理3：这是揭示式的说法，说人最终要靠自己，是针对太过依赖别人，逃避对自己负责的懦夫。“最终”是重点，暗示你躲不了你的责任，最终还是要面对和承担的，劝吁人不要依赖。

道理3.1：这句话的语境很不同，是针对遇上困难时人应开放自己，别以为能靠自己解决一切问题，提醒你当心自我中心害死你。这层次的依靠并不是依赖，更多是叫你放下和开放自己。

道理4：这是针对过于努力而虚耗能量的人，有时需要懂得放下，别以为自己可以改变一切。

道理4.1：这是针对不够努力的人，提醒你别急功近利，贪图安逸。

我们现在应看穿一个道理能有多重层面，别笃信非A则B这种绝对性的信念方向。**深层次的道理都不可能只给你一个绝对的诠释**，就如说“做人要诚实”，假如你无法按不同的场境或语境做出适当的调节，譬如被一直骗你的情人问你还有多少钱可以借给他时，你本着做人要诚实而坦白告诉他你还藏有哪些财产的话，你便是没得救的大蠢材，只懂守戒，不懂变通，无法从道理中提升智慧。别委屈地自怜，问为何你做人那么诚实那么好，上天还要这样亏待你，它自有公平的时候。

**不要抽离语境去理解和实践任何道理，不然只会令你脱离事态，越想越混乱，最后什么都不敢认同和相信。**你现在应该知道为何那么多人，可能包括你自己，读过那么多心灵启迪和智慧的书，听过那么多智慧大师的开示，在困局中还是会陷入混乱，摇摆失向。

○　○　○

# 检阅自己

# 调校混乱：检阅自己

经常检阅自己的人，能在遇到危机和难关时懂得处理，较容易找到清晰的路向改变局面，能放下，不死执，停止混乱。

之前谈到为何我们会混乱，现在谈如何检阅自己的混乱，继而调校。

我们应如何调整混乱呢？如何准备好身体和心理状态，让自己不再迷乱呢？

先学习随时随地检阅自己。如果我们没有原则，容易被外界影响，没有检阅自己是对是错，那我们就不可能有安全感，也难以整合分裂的自己，无法发放稳定的、和谐的爱的振频。

要留意的是，这并不是说我们一定能找到“一个”方法马上知道对错。人其实大部分时间都未必能看得清楚、想得清楚，譬如到底明天我是否应入市买股票，要买多少？会升还是跌？要不要冒险？说到底，我们每天都需要在为人生做出任何决定时担当最终的负责人，不能推卸责任，不能转嫁给谁。哪怕是健康。到底你的健康是谁的责任？我们不能依赖医生、父母、伴侣等替我们调校健康，我们的健康是自己的责任。别用“翻转”问题的态度反问：“这不是医生的责任吗？我怎能清楚知道如何医治自己，为何会生病？我知道的话我已当了医生呀！”这个问题是愚蠢的问题吗？假如你认同你不是医生，所以健康的责任不在你的话，我只能说，你的一生将会很坎坷，因为你已放弃了你应该知道、应该学习的权利和义务。你不是成熟的人，你懒惰。

经常检阅自己、调校自己生命的人，即使不能必然地活得比懒惰的人更轻松和愉快，也能在遇到危机和难关时懂得处理，较容易找到清晰的路向改变局面，能放下，不死执，停止混乱。

○　○　○

## 自我检阅三步骤

要检阅混乱，我们需要三个步骤。

### 1. 调校什么（What）

我们要知道自己的问题是什么（What）。

要知道自己的问题在哪里，需要先定心，稳定自己。先别多说话，先多听多看，这是先决条件。不然，其实你什么都看不见，然后转移视线，只看到别人的问题，解决不了自己的问题，因为你连自己的问题在哪里也看不到。

首先要找到What。是惰性吗？是没有安全感吗？为何你那么自卑？到底你害怕什么？

我在《好好修养爱》的自序里说过，人一生要问自己三个问题，第一个就是你到底害怕什么？这是人类最基本的问题。**你到底害怕什么？其实大部分问题都是从这里出发的。**譬如因为你害怕寂寞和孤独，所以需要爱情；因为害怕被骂，所以不参加任何活动；因为很怕没面子，不想输，永远要拿第一，所以有强烈的嫉妒心，不能让别人比你强。

我们要先看到自己最脆弱的一点到底在哪里，而不是最强点。**最强**

**点通常是掩盖自己的脆弱，所以小狗才叫得那么大声，大狗则通常都是很沉默很稳重。**人也一样，说话很大声的人大多是没有脑子乱说话的人。不过太沉默的人会让你害怕，因为你不知道他在想什么，他是深不见底还是掩盖自己的脆弱肤浅呢？你要懂得看，并去寻找答案。

## 2. 如何调校（How）

找出自己的问题是什么后，我们便要知道如何（How）改善和解决问题。

How很重要，你乱了什么便要治疗什么，你要寻找方法去调校自己。

很多人花了很多精力和很长的时间寻求调校自己的方法，结果变成上课狂、看书狂、听讲座狂。学习了很多，感觉很满足。

可是很多人只停留在满足的层面。尤其是男人，他们对寻找方法很感兴趣，也容易感到满足，因为他们是大脑主导的动物，即擅用思维。在求知的时候，男人会觉得看一本书便能找到方法，处理好问题。于是，当女人说他对她不够好时，他会以为买一枚戒指或者小礼物给她便已完成“对她好”的任务，因为他以为他已经知道处理问题的方法了，即她其实需要收到礼物感到被爱。可是，女人却觉得问题还没有解决，她需要的不只是他所做的。原来他解决问题的方法只是理论和想法，这已足够制造满足感，但这方法却并不一定就是解决问题的出口。

**光有想法和意愿，并不能带来真正的改变。**你要调校自己的混乱，需要很具体的方法，知道如何去做好，并有效果。正如你可能希望世界会变好一点，地球会变得更好一点，但希望变好并不代表真的会变好。

又如祈祷。你可以祈祷，但是祈祷以外还需要做什么呢？这是我们需要关注的。

譬如有些人研究佛学，由于研究得很深入，也精通了打坐时的呼吸方法，便以为已经在修行了，但这个人真的在修行吗？有些人是天才科学家，但是在生活层面却是个低能儿，只懂得跟自己的思想对话，不能跟外界沟通，因为原来跟自己的思想对话能自制一个自我完成的小世界，从中获得很大的满足感。

你虽然知道了How的方法，但是你没有用它，或是没有细心地运用它，这是没意义的，只是你已经得到满足感，你以为自己已经很爱自己。

你看了一本书，或是见了一个治疗师，你以为自己已经很爱自己了，已经在主动处理自己的问题了，不过那是表面的假象。**不少人其实是借助见过治疗师来自我否定的**，见完后可以告诉自己：“其实他解决不了我的问题，他根本不明白我。”“所以”“证实”了他们的问题是无法解决的，他们是命定的不幸。潜意识里，他们有很强的理由或借口认为自己不能改善问题，会借助寻找方法作为借口，自辩说：“不是我不想，我已努力过，但是没有用。”

这正是我们面对怎样改善自己时通常会犯的毛病：表面上很费神、很努力地希望改善自己，但是背后的力量是虚弱的，动机是假的，只是为了证明自己不能被治疗，患的是“绝症”，印证现在的痛苦是必然的、命定的不幸。其实你只想让自己更痛苦。

### 3. 何时调校（When）

当我们看到了问题是什么（What），需要寻找如何（How）改善问题的方法。不过别以为能找到一个方法便可以解决所有问题，这是天大的错误。

你有三个问题就需要三个方法，一百个问题就需要一百个方法，不可能一个方法解决所有问题。

更重要的是，要知道和落实什么时候（When）去调校自己。

你有具体的自疗时间表吗？**别想过了、说过了便以为已做了。**你脑袋分泌的安多芬会让你感觉良好，可别被这想法的快感和满足感停住了行动。

**我们必须确立一个非常严格的时间表来调校自己。我必须强调需要严格，还有就是需要具体。**

举个例子。你知道了你的问题是贪念，你有老婆A，你隐瞒着她和B交往，其后被B发现了原来你已婚，你被要求必须处理问题，办法就是你要离婚。你答应B会离婚，跟她在一起。可是三年后你还没离成婚，你有一万个理由，正是因为你没有一个很具体、很严格的行动时间表。你只想过愿意离婚，但没有行动逐步完成，你也没有勇气去行动和承担后果，你甚至懒于去完成，觉得太烦了，一动不如一静。

很多人只是想过了，并没有落实行动，因为行动意味着自己需要真正的付出和承担，无法再懒惰了，这是面对自己最艰难的时候。

譬如说减肥。你知道怎样减肥了，但是何时减呢？你会说，先吃完最后这一顿饭吧，下一顿便开始减。

又譬如买东西。你总说下一次不买了，这是最后一次。

又譬如赌钱。你说下一次会戒，这是最后一次。

结果，每一次都是最后一次。

瞧，你其实一直在拖拉，你根本没有改善的诚意，你在自欺欺人。

你看到What，知道How，但是没有When。你没有时间表，结果什么都没有发生。

**你现在知道为什么人的混乱、人的毛病是那么难调校，正因为我们还有一个毛病，就是惰性，因为我们懒惰。**

拖延会减退激情，激情没有了，新的问题又出来，你便有很多借口先忙别的，等一会儿再调整自己吧。

我们买了很多书，上了很多课，知道了很多提升自己的方法，可是没有实践，没有落实以行动去改善，更没有合理的时间表，于是你马上又回到原点，你不过在花时间和金钱去学习，满足了爱思考和认知的大脑，却没有把学到的实践出来，没有真正地走出来，一直在那里转圈，一直在浪费时间，辜负了身边对你抱有期望、予以关爱和支持的人。你说过要改，对方等你改变，可是等了三年、三十年，你还是没有变，让对方白等了。

你现在应该知道，为何你总是觉得道理是明白的，就是做不到的真相是什么了。你没有行动时间表。

○ ○ ○

## 调校自己：训练仔细

知道要调校什么、怎样调校、何时调校其实不容易，因为我们有太多坏习惯，让我们停留在思维、行为和情绪的粗疏惯性中，因而看不见，听不到，乱想乱说话，无法仔细和细心。

要调校和改善自己的混乱，我们需要重新学习仔细地、细心地去看（发现）、说（表达）、问（检阅）和想（思考），改善自己的思维、行为和情绪，更进一步优化和自己及别人的沟通效果，达到和谐和爱的共振。

### 1. 学懂看

我们知道对方真正需要什么吗？我们能感受对方吗？抑或我们不过是活在记忆里？

我们总以为自己很细心，也要求别人对自己要有同等细心的能力和程度。

我们希望别人对自己细心，但我们往往对自己却很粗心，没有看清楚自己，细心留意自己的变化和它的周期。

譬如我会问女人：“你的经期准不准？”她们很多人都要想很久，

分明没做记录，然后含混地回答有时准、有时不准吧。再问上个月经期哪天来，她们也许只能答忘了。再问她们每月到底要供多少保险金，保险含哪些内容，美容疗程还有多少次完成，心情不好时需要伴侣具体做些什么安慰等等，很多人都答不出，或者乱答，敷衍我也敷衍她自己。

不过，往往是这种对自己的需要和生活细节并不很清楚的人，特别苛求伴侣或亲人随时随地都应知道他们需要什么，理由是如果够爱、够细心的话，那些人应该知道。

当你连自己最基本的生活作息和需要都混乱不清时，又怎能要求别人看穿你，读懂你的心意呢？

很多人要不是太粗心，便是太贪心，又要别人明白你，又要别人注意你已改变主意了，想要的不一样了，最好对方懂得读心术。**我们应该问自己，在要求别人之前，自己又能做到你希望别人能做到的那种力度和程度吗？你真的能先做到你所要求的事情吗？**

原来我们大部分时间都没有真正去看、去了解、去关心自己和别人真正的需要。我们若只活在缥缈的感觉里的话，便只能维持混乱的思想和不清不楚的杂乱欲望，苛求别人，包庇自己。

很多人要求别人能对他们读心体贴，要求对方能读懂他们的内心，

“看”到他们真正所想，不用多说也能知道他们需要什么。

男人不懂阅读女人的心，无法理解或想象一个不能稳定地依理性来思考和判断的女性脑袋是怎样运作的。男人以解决问题为沟通目标，以为做一些事，为对方效力就是最具体的爱，因为能具体看到所做的，应该很实在。偏偏，女人的视点跟男人不一样，那些表面能看到的，都不足以制造女人对被爱和体贴的感受。**女人重视的不是你做了什么，而是你所做的能带给她什么样的“感觉”。**可这种感觉没有客观标准，也会随时随心情改变。更重要的是，这种感觉连女人自己也不能说清楚到底能怎样获得，她们只能回答“总之”就是感到了，或者无法感到。玄得可以。

因此，男人不能掌握女人以感觉为先的特性的话，和她们相处时往往产生挫败感，无法达到女人所谓“你如果爱我，应该明白我现在需要什么”的要求。女人自己也无法说个明白到底是指什么，可是她们却总希望别人代替她把不明不白的搞得明明白白。这种欠沟通、欠理性的要求让男人受罪了，也把爱杀死了。

女人以为自己很细心，所以也要求别人对她要有同等细心的能力和程度。女人抱怨男人太粗心，但反问她们到底又做过什么，如何表达她们所谓的细心时，她们很多时候无法准确回答，多说“我付出很多，我很爱他，我很关心他”。女人最大的粗心，是不知道不同时候的对方到底真正需要什么。她们要不是活在记忆里，以为对方需要以前某时的所需，便是活在自我中心里，以自己喜欢的标准来判断对方的需要。

**细心是很具体的。细心是每一天重新看对方和自己**，这就是第一章谈及“照顾”的“顾”。首先看自己现在的状态是什么、情绪是什么，你带了什么情绪和能量给别人。**愿意和自觉需要自我反省和检查，才是优质相处的钥匙。**但我们其实很少真正用心看自己、看别人。

曾经在某个演讲里，我让观众闭上眼睛，想着自己最爱的人，问他们，从他的外表到内心，你都能很仔细地看到完整的、当天的那个他吗?

这是很有趣的实验，最适合自以为已很了解最爱、最亲的人的测试。结果很多人都做不到，脑里出现的那个他，其实跟十天前、十个月前，甚至十年前的那个他差不多。有点清晰，有点模糊，总之那个昨天的他，好像不及印象中的那个他那么清晰。

到底哪个才是真正的他、真正的你?

**其实我们“看”一个人还是“记得”一个人多一点?**

很多伴侣相处多年后，已很少再用心和认真的态度地去看、去关注对方了。有人说，相处久了很难再有新鲜感，看腻了，感情也淡了。其实，假如你真的每天去重新看对方一遍，你不会感到腻，反而应感到陌生或惊奇，原来他每天都有些不一样，每刻可能都有新变化，只是你忽略了，用旧的眼睛看，把他变成惯性收视，没看一眼便觉得已明白和了解。

**我们都没有看。**

看是指用心去看。你有没有发现他今天特别紧张？或者她今天特别郁闷？**两个人在一起，有时比不见面时更疏离，因为以为见到了，便不再“看”了。**我们有留心聆听对方的说话吗？是只为公式地说，还是真有话要说要表达，抑或话里有话，想你听得“见”呢？

**真正懂得听，是要听进去，“见”到对方的深层潜台词，能“观”音、听“见”，即看到对方的底蕴，以这种层次去看和听，我们便不再流于表面，能更深入了解一个人。**

两个人相处久了，三年、五年、十年了，以为已很熟悉对方，好像闭上眼睛也能知道他要什么、在想什么，这才是最大的危机。**把习惯和记忆等同熟悉，令你离对方很遥远，经不起突变的考验，长期缺乏交流**

**令你们变成熟悉的陌生人。**

**别贪心希望对方能阅读你，也别以为自己很细心能阅读对方。**

**我们其实比想象中更粗心。**

用心去看、去听对方的不同，才是真正有心有爱、有质量的沟通，而不是只看只听以为一样的他、一样的自己。

细心看是看什么？最重要的是看对方的需要和感受，同时不忘看到自己的需要和感受。细心看的条件是：一、愿意先闭嘴；二、细心聆听；三、用平静的心态和善愿去看，**目的是希望自己和对方好。**

一行禅师说得好："爱的意思，是要**彼此看着对方**，也要**一起看着同一方向**。因为当你懂得如何看着对方，发现他内在的美善时，你也就能够发现自己内在的美善。看着别人，即看着自己。你将认识到，**爱是某种很真实的东西**，我们每个人都有同样的机会去体验真实的爱。"他所说的"真实"，应该就是136.1赫兹的具体振频。

## 看的病态

我们看得很粗心，但我们平常其实花了很多时间和精力在"看"

上。在商场看，在网络上看，在周遭看别人，在不安或无聊时乱看电子信息等。

这些行为有什么问题吗？这些行为本身并没有大问题，问题只在你若没有分配好精力，过分投放能量在这些活动上时，你会很快散失大量的能量，容易感到疲倦、失向、无聊、寂寞等，没有预留能量给重要的时刻，譬如你要决定一件大事情，处理大问题，经营关系时，你会变得无力、无助，因为已没多余的力气，间接打沉了意志，容易放弃，自怨自艾。

留意自己是否患上看的病态。看的病态可以分两大类：a. 热衷看别人；b. 热衷甚至迷上被人看。

**a. 看人（分析）的病态快感**

有些人可能是因为自卑，缺乏自我认同，也可能是因为自大，缺乏谦卑的自省修为，很喜欢通过替别人分析性格或命运，从中获取快感与自我肯定的心理补偿，或者享受过大师点评瘾的欲望。

也有人沉溺于思考和分析别人，针对尤其是地位、身份、学历、智商、智慧、道行、修养、知名度等比自己高的人，满足扮演超级心理师的角色。可是分析的角度和目的，不过是通过挖掘、想象或推断对方的阴暗面，譬如他会评论某大师：“他那么有爱，那么慈悲，不过是因为他长期得不到爱的心理补偿而已，他的爱本身是负面的，他的整套理论原是建基于自相矛盾上。”借此喂养自己原已超标的阴暗引力，猜度对方背后鲜为人知、努力隐藏和压抑的心理病症，为对方断症，证实原来所谓高人，不过是充满缺点和弱点的凡人，然后沉溺在自大的快感和失望的缺失中。

也有人希望从中“印证”自己能进入别人的内心深处，有洞悉别人内心真相的“能力”，“发现”别人看不到的秘密和暗格；或者以为众人皆醉我独醒，没有人比自己更能看穿或看透一切，印证自己永恒的孤独，甚至承受着不能分享的莫大悲伤，合理化自己不治之长期苦痛。当心这是纵容负面思想和心态的危险信号：原来你不是看穿了谁，你只是养活、增生和扩散了自我封闭的病态负能量，把它贴在你看中的对象身上，让对方变成你自己而已。**阅读别人，不过是反照你自己。**

注意你是否也犯了这种热衷甚至惯性分析别人的病态。这些人通常会有以下的特征：

(1) 爱推断

喜欢从别人的童年或者过去的历史，推断别人不完整的人格，但缺乏严谨的实证支持。说白了，世上哪有人格完整的完人？尤其是只利用过去的事例去推断的话，也无法得到实证，即你怎样分析也有它的可能性，也可能是对的，但这并不等同于你的分析能帮助对方看清楚自己的真实面，你不过在虚构中诊断别人，制造戏剧性的“真相”而已。

(2) 假逻辑、矛盾化

喜欢用假逻辑或者把事情矛盾化，混淆事实与想象。譬如建立这种立论：“其实是因为你得不到爱，所以才无奈地接受需要自爱的观念。假如已有人爱你，你便不会那么重视自爱。”这是把被爱和自爱的概念对立化、矛盾化，制造不可两立的假逻辑，误导自己和别人。

(3) 忽略成长、变化

只把事件凝聚在一个特定的时空，固定来分析，忽略了对方曾经历不同层面的成长和变化，造成不完整的分析。譬如只分析对方童年某段经历，却没融合其他成长时期也很重要的经历和变化。这种分析非常片面，也不扎实、不可靠。

(4) 否定对方的一切

惯性地否定对方的信念、依赖、尝试、想法、希望、期待、梦想、构想，甚至分析，目的是通过否定对方来确定你比他能看透，看的不一样，对方必须听你的分析和建议。通常你会借用一些权威性的数据或理论去吓倒对方，否定对方的一切，然后依你所说的重新建立一个有你影子的自己。

(5) 自觉看透，知道别人的秘密和深层矛盾

为自己蒙上很玄的氛围，加添自己的神秘感，让别人感到你有特异功能，可看穿和知道别人的秘密，也能解开对方长期积聚的深层矛盾。说白了，就是你以高人的姿态，让别人感到你能让他们开悟，发现深层隐藏的自己。

(6) 对点评别人上瘾

即使别人没有要求，你也惯性地、随便地对别人发表分析言论，点评别人，一发不可收拾，停不了口，上瘾一样越评越兴奋，忘我地没注意到别人的感受、承受能力和真正的需要。你不过在发泄或享受上瘾的快感和欲望。

(7) 舍不得放手，不断挑逗对方响应

因为上瘾，也想压倒对方，所以运用挑逗的方法挑动对方反抗、反驳、反辩你，加强分析和点评别人带来的挑战性、刺激感和成就感。

(8) 理性主导，不近人情

在分析和点评别人的过程中，只集中满足自己在分析时启动的理性，容易令你忽略甚至刻意不顾别人的感受，以权威压抑别人的情感。理性主导的分析不但不够全面，也容易陷于不近人情，反而令人更反感，或增加对方的负面情绪，从而感染了你，你便用无情来对待自己。

(9) 光是思辨不会带来真智慧

当你不是真正想帮助对方走出困局时，你不过在炫耀自己的分析能力。光是思辨不会带来真正的智慧，你只会显得自己更自私、空洞、无知和肤浅，无助于令对方增加自爱的力量和改善自己的决心。

**b. 被看（被分析）的快感**

相反，有些人特别迷信和渴求被看和被分析，希望从别人的嘴巴里印证自己是个怎样的人，会有怎样的际遇，寻求被指点迷津。这些人，多半有以下特征：

(1) 喜欢占卜

面对迷乱、不安和无助时，你先不靠理性解决问题，却依赖玄虚的方式如占卜，喜欢听玄妙和神秘的意见。你其实容易沉溺在迷信中，而且会上瘾一样经常“求诊”，要求“复诊”，放弃靠其他更积极和努力的方式解决问题。

(2) 喜欢被点评

可能因为自己不够自信，也太容易被外界影响，所以你特别喜欢依赖高人的点评，以为通过这样可以更了解所谓“真正”的自己，尤其是所谓自己神秘的、隐藏的“心理”。

(3) 喜欢被定型、贴标签、诊断

你害怕被孤立，希望能靠近主流，不想被遗忘或忽略，所以你希望通过看相被定型，做心理测验为自己贴上心理病的标签，看医生求得患病的确诊，你才感到安心，终于被“证实”自己有什么“病”了，远比不知自己有什么病好。原因其实是借助患病，将自己定性为弱者，找借口要求被治疗和照顾。要细看你到底在逃避什么，当心自命病弱不过是逃避成长的借口。

(4) 没主见

你依赖外人替你做主，替你安排下一步要怎么走，你不过是永远不想长大的孩子，因为你不想承担犯错的责任，没主见能让你退到避责的安全岛，让别人替你决定你的人生，即使所犯的再错，责任的源头也不在自己。

(5) 逃避处理和面对自己

你把自己交给别人来分析，然后依别人的指示去做，并不质疑对方人格是否有问题、功力是否强、分析是否可靠，因为你不想对自己负责任，只想依赖外人替你活，你最害怕面对的不过是你自己。

### 2. 学懂说

我们都不懂说话，要不是说得太多，便是沟通不足，不懂表达。

首先，我们是否说得太多呢?

我们在说话前，是否认真地先聆听别人的话或问题呢?

有些人是这样的，他们不惯聆听，只习惯于说话，急于回应，答非所问。

**我们要检视自己是否仔细、清晰和清醒地当下看，当下听，听清楚才回应。在没有听清楚、看清楚前别先回应。**

留意自己是否经常反应过快，在别人还没说完前你便回应。我们要学习耐心细心听完，想想，调慢一点，不要太快回应，太快让我们容易犯错误，而且也不尊重交流的对方，同时还增添自己更混乱的概率。

人用得最多的器官可能是口，特别是女人。

女人天生喜欢说很多话，要靠说话表达或发泄自己。你够细心的话，会发现身边的女人不能一刻不说话、不活动嘴巴。要不说话，要不吃东西，总之保持口部活动，不能让它停下来。

嘴巴停下来的女人，关注点马上由喷话回归内心，面对自己。啊，脑海一大堆乱七八糟的杂物和垃圾，老是想丢掉，不吐不快，可量实在太多了，无法整理好、收拾好，只好把它们吐出来，心会舒服一点。这也是懒于做家务的人处理过多脏旧衣物的原始方法：丢掉算了。

结果，女人不断通过喷话，假装清理内里的垃圾。假如话已说累了，为填满空虚不安感，会不自觉上瘾般把零食往嘴里倒下去。越是紧张、有压力的人，心情不好的时候，越是“感到”肚子饿，总想吃东西，吃了会心安一点，可事后马上感觉更不安，因为多吃了，怕变胖。前后诸多顾虑的动口行为，让女人活在惶恐不安的处境中，心浮气躁。

埋怨、评论、八卦、重复，是是非非，黑白不分，说累了也不愿意停下来，感受一刻的宁静。这种女人，活得比农民工还要累，通过不断满足饥饿感来假装补足安全感的身心，是时下很多“三高”症状的元凶。**女人忘了，原来自己不断制造垃圾，也不断丢掉垃圾，活在制造和处理垃圾的劳动中，最后连自己是不是变成垃圾也失去觉知能力了。**

**口业，是女人其中最大的病。**

别以为男人没有这些问题，喜欢喷话的男人多的是，你看大学里、镜头前表现得扬扬得意，一开口便停不了的男人便明白。其他比较沉默的男人只是不擅用嘴巴而已，假如你能走进他们的脑袋里，你会看到原来他们一直在脑里不停地说话，思想是男人最大的嘴巴。

**你会发现有些人不能闭嘴。跟他们相处你会很累，因为他们在蚕食你的能量。假如你没有感到被影响的话，那更糟，证明你已被对方感染了、同化了，你已变成了他。**这样交叉感染、传播垃圾的病毒，也感染整个社会。

**我们每天制造太多语言垃圾，假装在对话，其实在独白。**到底我们为何要浪费时间和精力关注别人，转发废话，等待被关注？带爱的关系，真正的沟通，不能通过废话来建立。

让我们细心检阅自己，问自己，**到底我们能沉默多久，**让嘴巴和脑袋休息一会儿？你以为自己可以闭嘴吗？那为什么你离不开微博和脸书这些充满随意乱抛语言的网站，为什么你那么热衷于在网上点评别人的帖子？

注意自己的说话方式，先聆听，别多说，别先挑拨兴奋的激素进行语言战斗、评论或判断。别在网上随意或快速响应别人，以免因为不经思索而被影响，容易动摇立场。譬如你本来认同某人的立论或行为，可是看了一下其他人的响应，发现原来有人觉得某人其实也有偏激，你马上便动摇了立场，觉得对啊，他看来也真的有点偏激。再看到有人尝试摆平，打圆场说其实每个人都有不同的观点和角度，没有谁对谁错。这时你又附和了，你的立场再度改变，觉得正反两方都各有道理。这时你其实已失去判断能力、原则和立场，摇摆不定，不能独立客观地分析问题，看清是非对错。网上经常出现这种混淆视听、似是而非的辩论，你若欠缺原则，便容易介入无谓和幼稚的争辩中，制造大量垃圾，失去自主判断力。先安静地站稳自己，才能看清是非黑白。

**注意口业，别散播负能量的坏种子。**

不懂说话的第二个问题是沟通不足，欠缺表达和坦白。

**我们有不同程度的沟通便秘问题。**

沟通畅顺的关键不靠语言，要靠沟通意愿和用心。

举个例子。我每次回家或回酒店后做的第一件事，便是跟房间打招呼。跟空空的房间问好，关心一下它是否神经病？不，假如你明白这亲密的问好，背后其实是让自己跟环境相处好，心连心地依靠在一起的话，你会知道，这是自我修养的一环。

如果没有跟你天天依靠的地方亲密交流，你怎能睡得好，感到安心无压力？同样的，假如你没有跟最爱的人手牵手，分享温暖和生命点滴的话，怎能和他相亲相爱到白头？靠在一起牵着手，眼睛对眼睛地交换爱的能量，因为有这种亲密的身体接触，你们便能建立信任的沟通基础，自能放心地、坦诚地说出心里的感受，不会把话堵在心里，害怕说出来后对方的反应。假如你已很久没有牵过爱人的手，没看过他的眼睛，没再抱过他，没有交流过心底话，你们的关系真的没意思了。当感情变腻了，出现状况时，你们会经不起考验，因为你们长久没有好好地建筑一道亲密的、感情的桥梁，等到难关出现，才去处理已发霉的关系，可能已经太迟。

沟通不是光用讲的，而是要每天更新眼睛和调心，是发现和磨合的互动过程，需要一点一滴的准备和经历，才能维持和保养好爱和关系。我们要检阅自己是否只活在猜想对方的关系中，不去面对面、亲口做交流，只堵在心里猜度对方所想所感，逃避接触。表达你自己，说出来便能清理心病，不然你会制造沟通便秘，三天、三个月、三年、三十年，这样便秘下去，到发生问题时，哪有能力去梳理和解决问题？所有沟通关系也一样，不只是爱情。

顺畅和坦诚的沟通不是一天两天能完工的事，理解和磨合需要经营和投资，需要时间和耐性、爱心和愿力。

### 3. 学懂问

我们日常的提问，大致可以分成三类：一、问自己提出或关心的问题；二、问别人提出或关心的问题；三、问推敲的问题。

问自己关心的事是好的，能保持理性思维，但要注意是否太过沉溺于思考而忽略了行动。

其他两种提问的方向，却容易让自己不自觉地掉进提问的陷阱，制造混乱。

**a. 问别人提出或关心的问题**

这通常指在受外在刺激或导引而条件反射下问的问题。

如听到别人的提问，你便自动把所想所听转化，变成以为是自己的问题，甚至是自己关心的问题。譬如社会上充斥着由传媒衍生出来，方便炒作话题的媒体造词，如“剩女”“宅男”“高富帅”“白富美”“炫富女”等，你会因为这些用词的流行而被集体催眠，觉得也应该关心，于是突然感到这些用词也跟自己有关，不自觉地把它们植入自身，然后问：“那我算是剩女吗？怎么办？”“我是宅男吗？因为这样所以我找不到女朋友吗？”甚至得出结论：“怪不得那么讨厌，原来她是个炫富女！”

这类问题或立论其实跟你没有直接的关系，只是你受不住主流话题的影响，你被动地参与了讨论和关注，以致你以为这些问题跟你有关，你无形中被导引而添加思绪的杂乱，甚至不安。这种提问和思考方向并不必要，却容易令人增添乱想，制造多余的负面情绪和价值观。

**b. 问推敲的问题**

人类精密地发展了大脑皮层，拥有会理性思考的功能，而这功能能进化到可以脱离解决问题的目的，变成纯粹的思考，自动编制由思想自行衍生、运作和扩大的脑波程序。

暂时据科学所知，只有人类才会靠思想创造另一个世界，这有利于发展创造性，造就发明，改善生活，提升愉快指数。但假如你无法从思想、构思甚至幻想中抽离，回归现实生活的话，可能容易提出不必要的疑问，制造混乱，因为这些疑问的本质是假设或推断，与事实并不相符。

这些推敲的疑问有一个特性，就是**自制矛盾**，让自己陷入正负对错等对立面里，一不小心便会卷入思辨的游戏中，由于欠缺外在现实的客观对应，只在思维里不断生产和复制对立面，产生似是而非、真假不分的概念。你若深信了并因而否定了其他实况，你将容易走火入魔，变成思维的奴隶。

**我们要学懂分辨哪些是合理推敲的问题、哪些是无中生有的推敲问题，尽快决定是否还要消耗精力再想下去，避免制造不必要的认同或信任。**

举一些例子。

我们很多时候，尤其是在空闲的时候，不去做肢体运动，却沉醉于思考活动。譬如我们喜欢绕过实际处境，纯用逻辑来推论别人的话，然后提出质疑。这种质疑往往不过是在文字里兜圈，制造辩论所带来的快感。

比方你带着挑战的心态去问别人或自己以下问题:

问题1: 你说要先自爱才有能力爱别人，但等到懂得自爱才爱别人是否太迟?

问题2: 你说能自爱就会满足，那是否够自爱就不需要恋爱?

问题3: 自爱是不是等于自私，只顾及爱自己?

问题4: 粗心不好，但要细心和清醒又会令人好累，这样做人是否很辛苦?

问题5：为何我付出那么多，得不到回报？

问题6：追求静心虽好，可是人要是真的不会发脾气，万事淡然处之，没了激情，活着还有意思吗？

细心看这些问题，假如你有中等或以上的智商，应该可以发现，这些提问的立论点是建立在假逻辑推论上。问题不在概念的先后次序或矛盾里，对立性的提问是没意义的，虽然可以训练思考能力。

请看谬误在哪里：

问题1：自爱是爱别人的条件，但不是时差上的必要条件。两者是可以并且应是同步进行的，没有所谓太迟的问题。

问题2：自爱和恋爱是两种不同层次的满足，两者并不互相抵触。自爱同时可以需要恋爱，爱自己同时也可以需要被爱。就像吃饭可以带来满足，但不表示吃饭就不需要吃菜。

问题3：自爱和自私是两码子事，前者是为更好地去爱自己而作为，它的质量若是良好的话，不应为自己或别人制造负面影响。自私却是只顾及自己，不理别人，可以制造负面影响，如占有或剥削。

问题4：假如你因为怕做人辛苦或疲累，以此理由不愿意努力优化自己的话，这就是你的选择，问“是否很辛苦”这问题到底能带来什么建树呢？粗心的恶果也会令你很辛苦，细心和清醒也可能令你花一点精神和心力，问题不在是否辛苦，而在是否值得。

问题5：谁说付出很多必须得到对等的回报呢？再说，你还没认真看清楚到底付出的东西是什么质量，是否真的对别人好，对事情管用。

问题6：安静是一种追求中的心态，它不是常态，也不应全盘否定其他情绪出现的可能性。安静是修养的方向而已，并不是说人得到安静后便会停留在那里，不再有其他心态或情绪，如激情、脾气等。

这些问题都是虚浮的问题，犯了逻辑上的谬误，把一件事情推向以偏概全的推论，极端化了问题。

当然，还有一些问题是为批评、挑战、攻击别人而取得个人快感的，通常都是刻意找错处、挑语病，或执着于字眼，无限上纲，抽离语境，达到令人难堪、自我得意的效果。这种费神的提问，没有带来正气，也坏了心术，制造更大的关系、权力和思想的混乱，实在没必要在这种角力中浪费生命。

**我们要训练检阅自己的问题的习惯，从多角度和角色提出反问和回答，找出自己的盲点，这是帮助自我了解的方法。**这样做即使不能提升你的智慧，起码令你不太容易陷入迷信、盲目和一厢情愿的误点中，徒添混乱。

譬如你沉溺于痛苦时会问：“为何我付出那么多，却得不到回报？”

假如你有训练自己从多角度检查问题的话，便能帮助自己清晰和脱离苦海，你会反问自己：“其实我所做的真是适当吗？付出的都是他真正需要的吗？”这时你便要进入细致和具体，看清楚你所谓的付出到底有什么价值，现在的结局是否合情合理。

**我们要学习聪明地、细致地问问题和反问问题，从而检阅自己，避免混乱。**

检阅的重点不在查看问题是否问得正误或好坏，而在看自己的立场、信念和原则是否容易崩溃，摇摆不定，对自己不清不楚，结果制造混乱的振频，影响自己和别人。

### 4. 学懂想

混乱的结果可以是我们看错、听错、说错、问错了，也可以是想错了。

**我们经常犯的一种思想谬误是错误立论，制造道理，说服自己和别人相信和认同，为的是支持和捍卫自己的意愿或欲望。**例如：

凡有缘的爱人才会走在一起，还没分开。

我们已在一起十多年了。

因此证明：1. 我们是还有爱的；2. 分开是错误的，违反天意。

这是错误“三段论”的经典，经常出没在不想离开或舍不得放下的那一方的脑袋里。

首先，有缘和不分开并没有必然关系，即使有，也没有必然的理由。

在一起十多年并不能“证明”双方还有多少爱，更多可能是因为其他原因所以没分开，譬如最常见的是逃避、拖拉、懒惰、贪图利益等等。因为不想烦，不想面对彼此的问题，不想放弃对方给自己物质或肉体的好处，因为懦弱，因为假慈悲等等，都可以把一段不应持续的虚弱感情关系一拖再拖。表面在一起，其实早已没有爱，只有责任、亲情、习惯，甚至互相折磨、被虐、虐他的病态瘾，让两个人分不开、不忍分，或者不能分。

有些人甚至会有这样的歪念："他如果爱我的话，他自会为我变好，正如世界本身会自我调节来顺应人类的存活，所以人类不用刻意调校自己来令世界变好，即使浪费地球资源也没关系的，地球自会调节自己，不用担心。"守在自私封闭和自我中心的世界里，你的立论和道理就是一切的价值观和道德，不管其他人的死活。这可怕不可怕?

你要反问自己，这种立论是否真的成立。没有足够的理性或智商检查自己的思维的话，请向比自己有更高智慧和理性客观的人请教，别逃避面对问题。

我们应注意别堕进文字和思想的游戏里，应重视合情合理和节省能源的交流方向。

说到底，要知道和理解问题并不难，最难是能明白问题，看穿问题背后的盲点或心理压抑，坦然正视和处理，别再纠缠在语言游戏上，迷失自己，捣乱别人。

## 总结

检阅和调校自己的混乱，从学懂看，学懂说，学懂问，学懂想开始，目的是让我们重新发现自己，知道问题在哪里，方便针对性地调校和改善，同时也能优化沟通和表达能力，它是一种良性交流，不应沦为自我满足的思想自渎。

检阅和调校自己能令我们更好地和另一个生命互动，学习照顾和关爱他们，让我们从中学习成长，这是自我修养和尊重生命的方式。通过检阅和调校自己，我们能同时看清楚对方，也看清楚自己，带着良好的意愿去交流，为彼此的生命带来新发现、新角度和新态度，互相交换稳定的共振频，优化彼此的生命，让大家活得更好。这就是爱。

○　○　○

# 自我管理

# 爱自己=管理自己

*愿意爱自己的人，也愿意学习管理好自己。*

在我的网站上有自疗页，里面有一个提案表格，最后有一个问题是："你愿意爱你自己吗？"

我收到的答案是一半说很愿意，另一半是说不愿意。

找我做自疗咨询的人，表面上很想改善自己，找出问题，寻求解决，可是，待真正知道自救方法时，不少人最初会犹豫，甚至潜意识里想逃避，不想改善自己。理由很简单，因为改善自己、爱自己需要付出努力，承担责任。

同样，我们表面上可能很愿意去爱别人，可骨子里会说不。因为爱需要承担，你怕承担不起，你喜欢被爱多一点。吃饭拍拖做爱很容易，但承担便是烦事，不愿意投入和付出。其实，我们都在逃避爱。

我们都很懒惰，不想长大，害怕面对自己，希望依赖。你说"我爱你"时，其实潜台词是："我想依赖你，我希望你爱我。"我们很多时候抱怨对方为何不这样那样对你。这抱怨的潜要求是："你可以给我什么？"但我们在要求对方能给你什么前，有没有先反问自己："我可以给他什么呢？"

原来我们经常希望取受，**不愿意付出。爱别人的条件是我们须要付出。我们必须拥有才能付出。扪心自问，你到底拥有什么？有没有好东**

**西能掏出来给别人呢？**假如你不懂得付出，只是在要求的话，你就还是一个没有长大的小孩。这是悲哀的。

**我们要先确保自己能掏出来给别人的都是好东西，对他人真正的好，才有资格要求别人。自己要先能做到，才可以对等要求别人。**

成熟的人、愿意爱自己的人，会准备好自己，能付出好东西，互相分享。别以为你很贫穷，什么都没有，其实你不是没有，你只是不懂得管理好你所拥有的东西而已。要么就是不够，要么就是太多，要么就是烂了，要么就是丢了。一塌糊涂的你，永远觉得自己有欠缺，不足够。看不到自己其实已很富有，也不愿意爱自己。

**愿意爱自己的人，也愿意学习管理好自己。**

在检阅和调校自己的过程中学懂看、学懂说、学懂问、学懂想后，我们重新发现了自己，知道问题在哪里，然后便需要针对性地调校和改善。调校自己的具体方法，就是学习管理自己。

○ ○ ○

## 自爱的三大条件

**自爱很具体，由重组生活开始，从重视和做好最微细的事情如生活作息开始。**

自爱有三大条件，也是自我管理的三大范围：管理作息，管理能量，管理情绪。

### 1. 管理作息

这是管理生活的层面。

我们都忘了管理生活作息，甚至有点瞧不起它。稍微“正常”的现代人都会觉得聪明醒目最重要，赚钱最重要，管理大便是小事，并不很重要。假如有人因为担心便秘影响身体，特地请三天假处理大便问题，相信大部分同事甚至家人都会觉得他“不正常”，小题大做。

可是，没有健全的、运作顺畅的身体，你的脑袋、思想和心态就不可能健康，发出的振频也会带着不稳定和紧张，令自己和别人感到不舒服，也难有什么大成就。**作息生活直接塑造你成为一个怎样的人，你的衣食住行每天直接影响着你、改变着你。所谓照顾自己、修养自己，必**

**须从最基本的生活作息开始调校。**

我们需要踏踏实实地管理好生活上的每项细节，尤其是健康方面。没有良好的身体、稳定的健康，没有能力去爱。因为爱是需要付出很多力气和心思的，需要投放很大的身体资源。注意自己的饮食、睡眠、大小便是最基本的。学习聆听身体正在告诉你什么。身体哪里不舒服，需要什么，其实它很早便发信号给你，让你知道你累了、病了、痛了、乏力了。你要关心自己，响应自己的身体，这是自爱的第一步，也是最基本的一步。调整好生活，你才能预留更多时间、体力和心神去处理其他事情和关系，譬如学习、家务、财政、工作、感情等等。**爱不只是在灵性的层面，它更多的是在日常生活中体现。**

从生活作息开始学习照顾好自己，必须从最细微的基本生活上调校。譬如，从喝好一杯水开始。

### 喝好一杯水

喝好一杯水是静心的方法，
你将注意力集中在一杯水上，
把分散的心回归一点的专注上，
养生便不只是杯里的水，而是你的心。

别小看一杯水。

日本科学家江本胜著名的发现，关于《水知道答案》的奥秘，让我们对水有了灵性的启示。水能看，水能听，水有它的灵性。假如水分子像一堆泥一样混浊，放一个“爱”字在旁边，水神奇地看到了，分子变得晶莹漂亮。僧侣在受污染的水源旁边发善愿唱颂祈祷一小时后，水听到了，分子形成美丽的雪花结晶状。

人体百分之七十都是水，人体的水也能看、也能听。我们让它看什么、听什么，便能调校它，改变自己。**照顾自己和养生的基础，其实就是要调理好自己和水的和谐性。**

爱自己是很具体和细致的，我们知道到底身体哪里需要水吗？哪里是处理水的呢？

谁说每人每天最少要喝八杯水呢？对，是某些西方医学权威告诉你的，可是，这真的适合你吗？有女生每天喝大量的水，以为这叫“排毒”，要把积聚在身体内的垃圾排出来，甚至可能是因为受化妆品广告影响，告诉她皮肤干燥需要补湿，所以便疯狂喝水。理论是这样说的，她便疯狂地照着做，每天不停地饮水起码三公升或以上。结果呢？她出现了严重的水肿问题，她还以为是肥胖，老是抱怨上天对她不公平，人家狂吃东西也不胖，她不过是喝水也会胖起来。

原来她没有聆听自己的身体需要，也没有每天重新看自己，观察自己的变化，也根本不清楚原来自己遗传了先天性家族肾脏虚弱的症状。她一心以为爱自己便排毒吧，爱漂亮便补湿吧，却没做到先仔细了解自己的身体状态，再针对性地解决问题。每天喝八杯水是一个平均统计值，也是以西方人甚至可能是以男性标准来订立的。它并不适合肾功能不好的人，应要按情况做适当的调校。

我们太爱数据了，说八杯水好便喝八杯，甚至更多，却不知其实你在令肾脏加班工作，劳损它的功能。多余的水不能迅速地被排走，积聚了便成水肿，严重的甚至会水中毒。譬如运动员在运动期间若为解渴而大量喝水的话，很可能会水中毒。

留意以下的自我检阅问题，有助于你学习喝好一杯水：

1. 你注意自己何时（when）喝水了吗？

早上起床后喝了吗？然后何时再喝？一天哪些时候喝？很口渴才喝还是定期喝？和别人谈话或开会时喝了吗？工作时会因太过费神或怕上

厕所而经常忘记或故意不喝水吗？餐前喝？餐后喝？临睡前喝了吗？半小时前？一小时前？

2. 喝什么（what）？

蒸馏水、合成矿泉水、天然矿泉水、水龙头的水、咖啡、红茶、绿茶、豆浆、牛奶、蜂蜜水……放加工糖、蜂蜜、奶精吗？

3. 你知道你每次到底喝了多少（how much）水吗？

注意到杯子的大小、饮料的分量了吗？

4. 饮料的温度是什么？

热的？室温的？冰冻的？餐后喝的是冰的还是热的饮料？

5. 如何（how）喝？

有没有注意到水的样子？杯子的温度？唇碰到杯边的感觉？慢慢喝还是大口大口喝？喝下去后水经过食道，跑进胃里的感觉是否舒服？肚子会胀吗？胃有没有不适？感到幸福吗？

听过一个道家的师父教人如何喝水。他说，喝水应该分三口，然后就要停顿，歇一下再来第二轮三口，这是养生的喝法。这个喝水的方法可以作为参考，喝水时应让自己安静下来，不慌不忙，别大口大口地把水倒下去。记住，你并不是垃圾桶，这样不仅伤身体，而且会让你变得越来越粗心。

**喝好一杯水是静心的方法，你将注意力集中在一杯水上，把分散的心回归到一点的专注上，养生便不只是杯里的水，而是你的心。**

喝好一杯水，细腻地打开五官去感受这杯水的里里外外，训练细心；尊重一杯水，让这杯不一样的水滋润你的身体，对它说声谢谢。这杯水，能带给你无价的、不平凡的幸福。

有人说：“我每天早上不喝一杯冰咖啡，整天便无法提起精神工作。我觉得选择自己喜欢的饮料和食物，也是一种自爱。”他搞错了，以为喝自己喜欢的饮料，觉得只要吃得开心便是对自己好，甚至觉得很爱自己。其实他不过是纵容了惯性的喜好，令喜好变成依赖，好像不能失去一样。就像很多人以为的所谓“爱情”一样，失去爱情后便没有了生命，没了劲。这不过是惯性依赖的结果，身体并非真正需要它。

**喜欢和爱的分别就在此。喜欢可以不计后果，不管是否对自己带来**

**客观的好处，只追求快感或依赖，懒于改变，助长沉溺。爱不压抑主观偏好，但可超越它，以优化生命为原则，愿意调校自己，目的是获得改善的效果，希望活得更好，令自己和别人受惠。**

## 吃好一顿饭

你吃的是垃圾，
你便变成垃圾。

西方有句精彩的谚语：You are what you eat（你吃什么，你就成为什么）。

你现在的身体和情绪状态，一部分是外在因素构成，另一关键部分是你日常饮食习惯累积的结果。

大部分人都忽略了这点：**自爱的第一步，必须从爱护生命最基本的身体开始，而不是养育思想。**爱护身体其中重要的一环，正是关注饮食。我们都吃得太随便和麻木了，被过多人工改造和调味主导的饮食习惯控制了，失去返璞归真、欣赏和享受天然食物原始鲜味的能力。

你每天吃下的食物有多少是你不需要的垃圾？**你吃的是垃圾，你便变成垃圾。**有人自觉吃得很少，为何还是肥胖？原因很简单，因为食物进入你身体后不能转化成营养，结果变成垃圾。为何会这样？因为你没有尊重自己，不愿意调理自己，也没有尊重食物。

你放了什么进肚子里，能影响你的身心状态，改变你的体质和心理素质。

到底你选择吃什么，何时吃，怎样吃才算是照顾好自己，真的是对健康好呢?

**坊间很多健康食疗，大多没有好与不好，只有合适与不合适。**你可以挑选对你个人体质有帮助的食疗，亲自尝试，用心记录吃后的身体反应，慢慢摸索适合你体质的食物、做法和分量。食物不只是味道，它有它的特性和功能，和你的身体交流，转化能量，变成有用或有害的物质。你要注意它，用亲身经验去品尝和实验，**别盲目迷信营养学、医学或专业报告，应信任自己的身体反应，而不是盲目听从别人的“成功”个案分享，**这样你才能真正找到最适合你的体质和身体需要的饮食。

至于很多人关心的减肥失败问题，原因大多是用错了方法。怕肥胖而节食或服减肥药是最笨的减肥方式，而且副作用会很严重。**食物不是你的敌人，它是你的朋友和恩人，你的肥胖是心理不平衡和欲望管理失调的结果。**肥胖其实是你没“吃”过，你只是把一盘一盘的食物往口里倾“倒”，场景就像在堆填区劳动的垃圾车那样。真正懂得吃、尊重吃的人不可能因为乱吃狂吃而肥胖，他们欣赏、尊重、珍惜和爱食物、爱土地、爱地球，自然会慢煮、慢吃，品尝每一口，得到满足，食物也会滋润他们。得到满足是终止食欲的指标，只有往死里吃的人没有给脑袋已饱足的讯号，所以才失控地吃。倒进胃里的食物不算吃过，却造成消化不良，浪费食物，剥削地球资源。尊重地去吃很难肥胖，只会精神爽利和健康。

进食时我们都忘记尊重食物。我们知道要尊重别人，尊重自己，甚至尊重动物，尊重生命，但食物不正是最重要的生命支柱吗？偏偏我们善于忘记尊重食物。食物是神圣的，要经过很漫长的过程，才能变成放在眼前的食物，提供人存活的能量。吃东西时最高的修行方式，便是尊重食物，吃好它，感恩，别浪费，没有比这更大、更首要的饮食修养了。

**看一个人的食相，便能看到他的人品和道行，骗不了人。**常看到某些信徒陪着高不可攀的宗教上师吃饭，上师大吃大喝，吃剩很多菜，高谈阔论，嬉皮笑脸，享受信徒的崇拜。一副大款的姿势，谦虚的食物比他更值得我们敬仰。

慢慢吃，欣赏地吃，不滥吃，不多贪，怀着互相尊重和欣赏的心吃好每一顿饭。和别人一起吃时可以交谈，但先以尊重食物和吃为主。尊重食物就是对地球、对生命的爱。和食物交心，好好享受和食物在一起的幸福时刻，让食物和自己合二为一，交换爱和生命的力量。

注意以下关于吃好的参考方式：

1. 别只跟从别人的经验或分享

它们都可以是宝贵的经验，但你的身体跟别人不一样，类似的体质或病例也可有不同的需要和处理方式。别只跟随理论和想法，盲目跟风吃肉或吃素。重要的是怎样吃、吃多少，吃后注意身体反应和心理状况。这些都是吃的学问。

2. 别只按营养餐单吃

你将失去吃的乐趣，也让自己活在害怕吃多和乱吃的恐惧中。

3. 别吃过量或纵欲

少吃多餐，可以活久一点，享受多一点。若你吃得心理不平衡，你只会活在吃的内疚中，不如不吃。

4. 情绪不好时别多吃

反正负面情绪能把营养变成毒，不如让身体休息和排毒。

5. 运动前后也不宜吃过饱

6. 适当和定期的断食

能有助于修养身体和排毒，但注意别过分、迷信或上瘾。

7. 睡前起码两小时别吃东西

这是让身体完成消化程序，然后好好休息，不然会影响睡眠质量。

8. 尊重地去吃

吃饭前，请把手头上的东西和工作放下，纯粹地、尊重地去吃好一顿饭。端正地坐好，打开五官去感受面前的饭菜，细看它们的颜色、形状，细闻它的味道，感觉饭碗和菜盘的温度，品味每口饭菜的温度、味道，慢吃，慢嚼，尽量不说多余的话，别边吃边谈工作、开会、读报或看书。尊重食物是你把关注力全放在食物上而非其他地方。

9. 别浪费食物

吃不完的不多点，不多煮。把必要的剩食放好，把剩食和厨余分类回收。

10. 马上清理

养成马上洗碗和清洁饭桌的习惯，别堆积应做的工作，要有始有终。

11. 尽量抽时间和家人吃饭

这是人生最大的幸福。多留时间在家煮饭，吃亲手做的菜，和家人一起吃。

12. 别忘了享受食物和感恩

**说好一句话**

怀着一言一语都是播种的心态，
你会为需要承担的果报而慎言。

我们可能都“说”得太多了，却没说好一句话。

也别以为你不擅长、不愿意、不喜欢说话便没有说多了。没说出口并不代表你安静、没废话、没乱想。说出口的，留在脑里想的，都是一种语言方式。

人是能运用语言的动物，语言是用来沟通的，用多了，乱用了，滥用了，便会制造混乱和噪音，干扰自己和别人的宁静空间，或者多添了垃圾思想，误导别人。

说话，要慎言。

信佛的朋友给我一段嘉旺竹巴法王的文字，补充我曾写过关于口业的精粹。我虽然不是佛教徒，也没研究佛学，但这段文字有意思，想跟大家分享：

“话说太多不是好事。若无法控制嘴巴，就很难驯服自心。要注意所说的话包括网络邮件、电话短信等。要远离四种恶语：妄语（说谎、颠倒是非）、两舌（挑拨离间）、恶口（粗口恶言）、绮语（花言巧语）。若要说话，请说有益的话。若你有足够的理解，可以分享圣者们的教学。否则，应保持沉默。”

别太轻易和不负责任地在方便的沟通科技网络上发表恶言和流言等

“妄语”，我们要对自己的言行负责任。

挑拨离间、说别人坏话、传递负面讯息的人，到底是什么心理呢？原来当你说别人坏话时，能同时挑起你积压在内心的负面经历和记忆。这股负能量的引力强大，也是你最希望能发泄或释放的内在垃圾。可是，当你欠缺正确和正气的方法把压抑的负能量释放出来时，一旦受到外在的负能量刺激，像引起共鸣一样，你居然有“回家”的感觉，喜欢回放坏话，以为说一遍便能发泄一遍。于是，讲坏话、分享负面消息，是变相进行一次假治疗，后果却是换来更强化的负能量，还借此传染给更多人。

说有益的话是一种锻炼，即使你还没有这份修养，也可以修，可以炼。

**怀着一言一语都是播种的心态，你会为需要承担的果报而慎言。**

保持沉默是一种修养。人有说话的功能，但并不代表应该滥用。有些人不说话便像难以呼吸一样，需要更大的修养和自我调校。

保持适当的安静是重要的，安静是为了重组能量。**安静、沉默能让人回神，回归自己，保存能量，不会因为响应别人而耗损自己。**保持沉默不但能减少增加负能量的机会，也有助于停止负能量不断扩散的危机。乐得清静，是你我可以一起携手共创的愿景。

别说多余的话，**能沉默才能建立默契，而默契是更深层次的沟通和释放，不再让我们纠缠在因为语言的诠释误差而发生的矛盾关系中，破坏情绪。**明知跟别人吵架不能解决问题，那我们可以先用沉默来应对吗？当你沉住气时，对方已失去挑动满足感安多芬分泌的源头，跟一个沉默的人吵架是最不过瘾的。你要继续吵下去抑或停止彼此伤害，在乎你是否舍得放弃追求过瘾的欲望，是否看穿其实自己不过是被冲动带来的好胜感控制了。

**真正的沟通不一定需要非说话不可，最好的一种相处方式，就是靠在一起不用说也明白，感觉舒服，拥有安全感。这需要靠一种信任对方的力量，这是源于自己内在强大和稳定的振频。**很多人都没有这种力量，不断地假装跟别人沟通，建立和巩固一种虚弱的关系和感觉，然后通过不断的发问或干预别人的隐私来维持关系的持续性。譬如，女人很喜欢听到“我爱你”这句话，每天最少要听对方说三次，像有病需要吃药一样。是不是开玩笑？的确是开玩笑，所以大部分恋爱只是一场玩笑、一场游戏而已，那是虚假的。如果我们非要通过每天说和听三次“我爱你”才能确立爱的话，这种爱很快就会被摧毁。

**沉默是一种力量，它能让默契发生，能最省能量但带来最高效、最优质的交流和共振感。**这是其中一种最好的相处方式，为相处带来和平和体谅。

### 睡好一觉

先和失眠做朋友，和它修好关系，
它感到被尊重了、被照顾了，
便不会再缠绕，自会离开。

治疗失眠最关键的不是方法，而是心态。

这说法可能很多人没注意过。一般处理失眠问题的方法，不是用药，便是用不同的方法教你放松，让睡眠得到优化的前奏，希望能速成入睡。可是这些方法往往不能达到理想的效果，因为，无法入睡的关键原来是我们对失眠抱持了敌对或抗拒的心态，觉得必须找办法打败它，驱赶它，视它为大敌，它一来你便紧张、皱眉，心急想赶快驱走失眠，为放松徒添压力，所以事倍功半。这就是问题所在。

大部分人失眠是因为紧张、敌对，能量处于负面状态。你和失眠的关系一旦被定位成为负面状态，便很难互相协作，你越想让失眠离开你，它越觉得被抗拒，越想黏住你。其实黏着的背后力量，正是你不愿意放过它、它也不放过你的结果。

我们可以换一种方式处理失眠。

**希望疾病、痛苦、烦恼离开自己，最好的方法其实是首先接受它们，甚至欢迎它们的存在，因为它们既然是出自你自己，也就是属于你的一部分。**先不要排斥，给潜意识留下阴影，结果关系搞不好，制造更大的紧张和矛盾。

不妨先和失眠做朋友，接受它是你的一部分，不用多问原因，完全地接受它，别制造负面的暗示，如“再失眠下去我就死定了，我希望失眠快走，我不想再失眠了……”之类。我们的目的可以是让失眠远离自己，但心态要平和、温柔，给自己心理暗示：**失眠是被我孤立了的朋友，我要先和它修好关系，它感到被尊重了、被照顾了，便不会再缠扰，自会离开。**就像小孩感到被关怀了、满足了，他自会听你话，不然，你越是骂他，他越和你作对。

心态接受了失眠，不再抗拒，身体马上会起变化，可以真正地准备放松，不再紧张了。

睡前注意以下细节，可以大大提升入睡率和睡眠质量：

1. 最少两小时前不吃东西，别喝太多水。

2. 最少两小时前别跟家人、朋友、同事等讲电话，避免激活思维和情绪，因为它们很难在短时间内回复平静的生理机能。

3. 避免看紧张刺激的影像。

4. 做最少十分钟温柔的拉筋或柔软体操，让身体准备好放松。

5. 尽量把房间调至零光源，以免刺激脑细胞，给予错误信息，让脑袋以为你还在工作，不懂得“关机”，以致难以彻底休息。

6. 可播放舒服的纯音乐，敲听静心铜磬或用优质的纯精油香熏伴随入睡。

7. 可以边看轻松的电视或播放轻柔的音乐，边泡脚或泡澡，完后入睡。

8. 别忘了调整情绪。晚上是容易陷入抑郁和负面情绪的时候，情绪不好时，难以入睡。晚上不要刻意听悲情歌，应尽量避免看悲情剧，临睡前注意别接触会加深负面情绪或勾起负面记忆的事物，如写负面内容的日记、听曾经和旧爱一起听过的歌、看和旧爱一起看过的电影等。保持情绪中性或轻快，自能容易入睡。

鸣谢特约设计：M茵曼® 棉麻艺术家 Craftsmen for linen&cotton
封面及插图摄影：新青年广告
素黑官网 www.blacksoblack.com

## 放生大小便

每个人每天最少排一次便，不能少于一次，
别管谁说多少天排一次也算正常之类的话。

大部分来找我咨询的人几乎都有一个生理性通病：便秘。

这并不是凑巧。大部分情绪受严重困扰的人，原来都有便秘病征。也可以这样说，便秘让他们感到不舒服，长期在生理隐忧中，导致或加剧不安情绪。

没有大便的那天或那几天，你会感到身心不舒服，无法从容地工作和干活，总是觉得有事情未解决，坐立不安。若那天能有大便，完事后你会马上感到像卸下重担一样爽，久违的笑容会出现，会放松地吃想吃的食物，活着忽然充满了乐趣，你感到还有很多空间可以做更多想做的事情。

紧张、压力、忙碌、奔波、悲伤等都会影响排泄功能。希望尽快得到通便效果，需要从饮食入手，因为靠放松自己来通便较困难，心结未解开，很难松弛。饮食习惯则较容易改变，没有做不到的理由，成功与否，关键只在于愿意或不愿意。

每个人每天最少排一次便，不能少于一次，更好的甚至是两次，别管谁说多少天排一次也算正常之类的话。大便是多余的废物，是排毒的自然功能，积在体内的残余食物逾半天就会变成垃圾（即毒素）。就像你要天天清理垃圾桶一样，如果几天才丢一次垃圾，仅是臭味就会让你受不了。你的肠脏也一样，要天天清理。

要改善便秘问题，必须先愿意和改善饮食习惯。排便有时间性，按《黄帝内经》的说法，**凌晨五点到七点是行走大肠经，这是最理想的排便时间。**现代人生活节奏已和古时不一样，较理想和方便的排便时间是早上起床后至中午前这段时间，应习惯早上起床后排便，排走废物清理身体。

过了这段时间，要排便就会更困难，因为生理上和精神上已处于压力状态，要处理很多事情，忘了放松，而且进食后肠脏会累，不易费力排便。这点要多注意。

试多吃通便食物，譬如番薯，每天早上起床吃两三个蒸熟的小番薯，连皮吃。你会发现较容易感到需要排便。早上不想吃东西的话，可以空腹饮温的加了蜂蜜的苹果醋，或者温水黑糖蜜（blackstrap molasses）（西式超市或健康食品店有售），或者室温的西梅汁。平时没喝咖啡习惯的人，便秘的话可尝试空腹饮一杯黑咖啡（不放糖或奶）。这些都是最容易蠕动肠脏的饮料，很多曾经便秘的人试过后，都能在短期内产生不同程度的排便效果。当然，关键是喝完后要走动，不要呆坐家中等待。另外，广东菜心的排便功能比其他蔬菜好，宜多选吃。

吃容易上火的食物，临睡前进食，吃太多面包、乳制品及甜品，不吃高纤蔬菜，加上精神压力大，不做运动，都是便秘的元凶。吃得清淡，多做运动，并给自己心理暗示“今天能排便”，便秘问题便较易化解。

还有，大便的姿势也很关键。

**35度角的蹲姿是最符合人体设计的自然排便姿势**，直到现代马桶流行后，这个良好姿势才被取代，也间接带来种种现代病如痔疮、便秘、大肠炎、盲肠炎和结肠癌等。蹲姿排便的道理很简单，原来大肠长约6英尺（约1.8米），粪便在被排出前堆积在大肠里，最后从直肠排出体外。以坐姿排便的话，它的肌肉只是部分放松，以蹲姿排便的话，肌肉才完全放松，这样排便会更轻松和彻底。坐在马桶上大便时，双脚踏在一个小矮凳上，便能形成较好的排便角度。

## 2. 管理能量

管理能量的重点，
是把散失的、错用的、虚耗的能量重新集中，
回归自己，令自己真正富有起来。

这是管理身体的层面。

**爱的条件是先爱自己。爱自己的条件是先认识自己。**

认识自己必须通过发现自己隐藏和已显现的特质。这包括如何照顾好自己，认识自己的身体和体质，发现自己的心理状态，看到自己的情绪表现。这是自我成长的过程。

**管理能量，是保证自己能有气力和精神活好和做好事情。**这是重要的，假如你很累，常常没精力，你怎能做好一件事情，更莫说爱好谁。

**当你内在混乱时，你散发的是混乱的能量，你即使没做过什么事，没开口讲过一句话，站在你旁边的人也会很累，甚至会受罪。**因为你散发出来的是不稳定、混乱的振频，能负面地影响别人。

你有力气回应生活中的各种事情吗？你有活力吗？有精力吗？

没有精力的人别说“我爱你”。**爱需要具体的能量，能量就是精力和气力，你有力气去爱自己和爱别人吗？**

**管理能量的重点，是把散失的、错用的、虚耗的能量重新集中，回归自己，令自己真正富有起来。**

你是什么？你其实就是一股能量。**你能运作多少能量，你便有多少力量，你能做什么，能成就、承担什么，取决于你的智慧和能力，但更重要的是你必须拥有足够的能量去行动。光是思想不能改变世界，也不能调校自己，更不能改善生活。**

自爱是行动，不是空谈空想。**行动需要的是勇气和力气。**保持自己备有足够的力气，你才能进步，把事情做好，把关系经营好，爱好自己和别人。

我们需要很多精力和时间整理自己，处理因为混乱、贪念和懒惰而衍生出来的问题。人需要管理好自己的精力，**别让自己那么累。**

要注意别流失能量，要量力而为，别勉强、一厢情愿或盲目付出。每个人的能力都有限，别使付出多于你所能承担的，否则你不是爱自己，也不是爱别人，而是害死你自己。

**管理能量最重要的方法，就是安排自己的休息时间。**有些人奴性很强，常常忘记自己已过分消耗体力，在工作或玩乐中忘记照顾自己，劳损细胞，结果严重损害身体健康。学习放下工作，停下来，休息一会儿，才是爱自己的养生习惯。**没必要虚耗自己，当心这不过是在逃避或害怕面对自身某些困局而转移视线的病态行为。**譬如有些人忘形于工作，其实是在逃避回家面对关系复杂、感情不再的伴侣和家人。

### 从清理到打开

看到卡住的位置，着手从那点开始处理，解开第一关，然后一关一关地深入，这是自疗的奇妙旅程。

要保持正能量，首先要保持健康的身体。那如何才能调整好自己的身体呢?

自疗的核心是在身体、心理和心灵的层面解开心结，清理垃圾，修补伤口，疗愈病痛，提升免疫力和自愈能力。我们容易幻想或怀疑自己隐藏了很多心理问题，以为这些问题“导致”了目前的性格失衡、不良际遇和身体疾病。我们容易迷信心病要先用心药医，迷信要找心理师替自己阅读和判症，把自己交给别人，甚至追求神秘的、超越理性解释的方法来治疗无法理解或逃避的病症。越是复杂、玄妙、神秘的偏方，我们越感兴趣，幻想那就是解决问题的妙方。可是，我们往往忘记了身体。

我们需要先从调整身体出发。

很多人身体不好却不管，结果越来越差。你适当地照顾自己最基本的起居作息和饮食了吗？你知道自己的体质，了解身体真正的需要吗？

**我们需要学习了解自己的体质。**很多人不懂得照顾自己，不了解自己的身体，甚至可以说，对自己的身体反应相当无知。

譬如，有些女人从不知道经血的流失会让身体流失铁质，不懂得在经期后饮用大枣汤补血。也有些女人从不留意经期前会出现莫名的痛症，如头痛、背痛、腰骨痛、腹痛、乳房胀痛等，甚至可能会容易导致感冒、郁结、闷气等。经期一过，这些痛症又会离奇地突然消失或者大大减弱。经前情绪飘忽，突然伤心，无故地想死，时时想骂人，却不知原来不过是激素影响的结果，还误以为自己真的很不幸，遇上的都是伤心事。

也有人连自己是否有便秘都不清楚，是否属于失眠状态也不能确定。有些人即使知道有问题，也没有实时处理和调校，总觉得这些事人人都有，不是最重要、最需要处理的事，总觉得还有更重要的问题排在第一位，需要先解决，先费心神甚至生命去争取得到或拥有，譬如爱情、婚姻、财富、名誉和面子等。结果，失眠问题拖了十年，头痛问题不管了十年。十年都没立志去调校和改善的话，你真的觉得还有下一个十年吗?

**连最基本的生存条件如作息吃喝也忽略甚至瞧不起的话，你能为自己、别人和世界贡献什么更好的东西呢?** 你能有什么优质的大作为呢?即使有，又能维持多久呢? 能确保其延续性吗?

当我们认真地正视和细看自己的身体时，才会发现原来我们对它多么陌生。当我们一步一步仔细地、耐心地进行自疗，逐一清理长久的压抑、积藏在内心和身体的垃圾时，我们会惊讶原来已忽略了自己那么久，一生只为外在的成败得失卖命、玩命和奔命，却没有好好爱过、尊重过、善待过自己，让它受罪了那么多年，还差点让它送命，应感到羞愧。

静思下来，我们到底有没有好好地活过? **一生奔波，死去活来地去爱，去付出，去争取，试想到底消耗了多少无辜的时光、体力和地球能源? 讨好谁，憎恨谁，到头来，我们最对不起的、最亏欠的不是别人，而是自己。**

认真回归自己、重整自己的人，在自疗的过程中，能把久压的心结、病痛、压力、噩梦、遗憾、不甘、自卑、愤怒等一一地打开，丢出来。这时，多年前遗忘的疾病和痛症或会突然重现。譬如二十年前某次严重咳嗽又突然重现，十四年前的磨人腰痛再度出现，十八年前剖腹生孩子时留下的伤口当时没好好处理，现在再度发炎，等等。

这些旧病的再访，是给你多一次机会正面面对、处理和善后。就像旧情人再度出现，让你重新面对还没妥善处理的关系一样。能勇敢再痛一次，正视问题，毅然处理，然后你便真正痊愈了。

要打开自己的盲点和关卡，才能通情达理、自爱和他爱。要做到这点，需要修养、修身。自爱的第一步是从身体出发，从最恒常和细微的作息生活点滴开始，不能妄想想通了、明白道理后便能达到。

所谓从身体开始打开自己，不能光靠读书或听课得来，必须从实实在在的身体体验中得到。

**要感受打开身体，首先要知道身体哪里卡住了、闭塞了。**

身体不是理论，它最具体不过。肩颈痛、背脊痛、盘股痛，或者腹胀、腿胀、手指酸痛、手臂麻痛等，这就够具体了，你马上知道身体哪里闭塞不通了。**看到卡住的位置，着手从那点开始处理，解开第一关，然后一关一关地深入，这是自疗的奇妙旅程。**

修养是自疗的过程，是把自己需要疗愈的病态和坏习惯调校好、管理好的过程。**要学习养成详细记录身体病征的习惯**，譬如经期、头痛、发炎、腰痛、胃痛、便秘、失眠等。**当你有详细的记录档案时，就能让自己和治疗师看到问题的周期，有助于找出准确的病因和治理的方法。**

譬如，原来你每次头痛都是在办公室，一走到户外头痛便会减轻和消失，这可能证明办公室缺氧，或者是受你的心理影响，你其实很不愿意在那间办公室工作。又譬如，原来你每次胃痛都是在早上回到办公室后，尤其是在紧赶慢赶踏入办公室时，或者是在早上喝完豆浆后，这可能就是情绪紧张诱发的胃痛，或是由于豆浆太寒凉不适合你的体质引起的。别只根据所谓豆浆是健康饮料这种说法而盲目附和和信任，要带着细心察看和聆听身体的真实反应，这才是真正对自己好、爱自己的方法。

我们有责任记录和了解自己的身体周期和反应，没有任何人比我们更清楚。**别只追求心理式的自我了解，对自己的身体无知，比对事情无知的影响更大。因为如果你连自己是谁、活成怎样也不清楚，你混乱不堪的话，你就不可能带着清晰的心和脑去认知并了解别人以及这个世界。**

记录身体、了解病征后，我们便可把身体的盲点逐一清理，把卡住的地方逐一打开，一步一步来。

修养是心性的修心和身体的修身，两者都有具体的打开方法。心胸打开了，你会体验喜悦和平静。身体打开了，你就会体验轻松和通顺，手脚不再沉重，筋骨变得柔韧，肠胃不再纠结，眼睛会发亮，微笑取代皱眉。这时的你才首次醒悟什么是真正的“打开”。你自由了。

**自疗从来都是最大的爱。自疗的目的是由正视身体起步，逐一打开积聚多年的结，将变得复杂的自己回归简单。**

### 3. 管理情绪

这是管理心理的层面。

除了要养成记录身体病征的习惯外，我们也要细心注意情绪细节和周期，把它一一记录下来。譬如，你要学习察看到自己正在闹情绪。

先“看到”是最关键的事。有些人很心急，一开始便想看清楚问题，但太多时候是我们连问题已出现也看不到，更遑论看清楚。**看到是基本功，看清楚是修炼，需要一生的修养功课。**

先看到自己正在发脾气、抑郁、落泪、焦虑、不安、嫉妒、愤怒、哀伤、不甘、怨恨等等。要先学习看自己，别老是把视点放在别人身上，把问题推到别人身上。发脾气、容易激动的人往往都有一个笑话现象，就是当他们的情绪已表露出来了，还以为自己很冷静、很理性、很合理，只是对方在蛮不讲理和发脾气。你会见过有人面红耳赤气呼呼地大声说：“我现在很冷静，发脾气的是你不是我。”是不是很搞笑？但细想你自己是不是也曾这样，盲目忽略自己的情绪，却转嫁到别人身上，只看到别人的缺点，无视自己的问题？我们原来都没好好看过自己。

我们有很多事情想做，有很多人想亲近，想去爱。可是，你的情绪很不稳定，不是容易发火，就是容易消极、悲伤。本来可以平稳地做好一件事，就是因为情绪，令你吓走朋友，挫败自信，失去动力，流走机会，最后一事无成，助长更大的负面不安感。反问自己：“我是怀才不遇，运气不如人，还是性格影响了命运？”

**其实大部分人都不是际遇特别不好，只是做了情绪的奴隶，被情绪左右了人生。**

我们要学习调校情绪，但这并不是目的。调校情绪的目的是处理好事情，做好事情。前者是为了完成后者。

有人以为灵修的目的是寻求脱苦或快乐，以为所谓超越、不再执着闹情绪，便能得到最后的平静。本来，追求自我感觉良好并不错，但别借此逃避处理和善后被你搞砸的外在事情，别替自己逃避责任找漂亮的灵性借口。

## 情绪的食粮是记忆

情绪的食粮或燃料是记忆。
管理情绪，其实就是管理记忆、管理过去。

要管理好情绪，首先要了解情绪是怎样运作的。

负面情绪可被生理因素所影响。

譬如，发炎跟负面情绪有密切关系。细想上次当你有咽喉炎或口腔生痱滋（一种复发性口疮，是出现在口腔软组织上的溃疡）时，你是不是正在闹情绪，抑郁症病发？便秘的人、失眠的人情绪不会好，经期乱七八糟的人情绪也不好，体质燥热、脸上长痘痘的人照镜子时情绪当然不会好。

负面情绪也可以影响生理。

有研究指出，当你回想一段负面的记忆五分钟，你体内的抵抗力抗体的数目便会急速下降，要待六小时后才能恢复回想负面记忆前的那个状态。换言之，只是五分钟的负面想法，已足够减弱我们的抵抗力。再细想，你每天到底有多少时间花在负面记忆和想法里？又需要多少时间才能把抵抗力修复好？你现在开始明白为何自己的感冒老是医不好并复发，为何动不动便会生病，痛症久医不愈了吧？再加上不良药物吃得越多，抵抗能力也自然失调，甚至失效，你的病症只会越来越重，身体越加虚弱。而身体病弱的人，情绪自然也应运变差。这是恶性循环。

还有抑郁症，它可能是当代最难医治的病症，因为成因复杂，而且能持续刺激情绪，不受控制。刺激体原本也是我们的记忆。

**情绪的食粮或燃料是记忆**，而人类的记忆系统极其复杂和精密，同时杂乱无章，无法线性追溯，一发不可收拾。勾起负面、纠缠的情绪，主要是敏感的负面记忆，它通常是带着伤害、痛心、残忍、震惊的事故而产生的深刻创伤。它在与情绪紧密相连的心脏，以及与记忆亲密的脑袋的互动下，建立了自动重复的回路。一旦受到外来刺激，勾起这些敏感记忆的话，强烈的情绪会自动启动，激活和加剧回路的运作。就像喘咳一样，即使你有多主观和理性地想让它停下来，也难免挣扎于缺氧的生死边缘，无法自控和自拔，能令人顷刻间感到绝望、脆弱、无助和恐慌。

譬如，他又忘了曾答应你会早点回家和你一起吃饭。其实他这次可能是因为发生事故，或者突然工作忙无暇抽身，所以迟到了。虽然他已事先打电话向你解释了晚归的原因，可是，你不相信。你接到电话的刹那，耳朵是听到他说："对不起，有临时会议要开，要迟一小时才能回来，要不你自己先吃饭啦。”可是，脑袋马上勾起上次他迟到的事件，那次是因为他被同事叫去玩而忘了。同时，你高效运作的脑袋更把他过去没兑现承诺的事例逐一抽取出来，以放电影的方式在你脑内快速回播，你马上感到不安、愤怒。你觉得，他根本不重视和你一起吃饭的承诺，他一直都是这样的，他甚至可能在欺骗你。“因为”他确实曾经出过轨，他曾悄悄跟女同事吃饭，甚至亲密过，被你发现后，他说不会再发生。然后，你又“想起”最近他在性方面对你冷淡和被动了，他“应该”是在说谎了，“其实”他是和女同事去吃饭了，他再度被勾引了。然后，你崩溃了，哭成了泪人，你深深感到他真的做了对不起你的事，他不再爱你了。

这是记忆影响情绪的经典例子。**你其实并没有看事实，你是在利用记忆和想象，推论和联想“事实”，从而制造相应配合的情绪。**

**记忆是联想和二次创作的合成品，它不是百分百依足原著的。**你的心态正面，你的记忆也倾向正面和精要；相反，你的心态负面，你的记忆会倾向负面和杂乱，越想越多越夸张，最后，你在自编自导一幕没发生但已被你完成的“真相”。你活在自制的痛苦不安中，你的现实只是你的个人联想和编剧的结果。你要对自己的负面情绪负全责。

**管理情绪，其实就是管理记忆、管理过去。**

勾起负面情绪的源头，是没被解放的情感记忆回路或程序。处理的方法不是要避开或者斩断记忆，像西方医学处理病毒的方式一样。**众多修心的老师提出的方法都让我们要活在当下，但重点不应是否定记忆，而是应学习管理它，和它好好共存和相处。**

活在记忆里本来是良好的生物进化的设计，它是高等动物的特殊结构，能让人不用每次在面对新或旧问题时，由零开始重新建立新认知和内存，大大节省时间，可以高效地处理更多复杂的事情，令人进化，提升生命质量。假如我们没有记忆，每次走一步路可能都要重新学习；或者假如我们的记忆系统很笨，学习系统便会大受影响，变得非常笨，令我们只记得和知道在家里冷了要穿衣服，出外却不知也要多带衣服，因为我们不能变通记忆和知识，不知在外边冷了，还是可以用相同的方法来避免着凉的。

坏情绪的源头是负面记忆，这是古人早已清楚的发现。我在姊妹作《一个人不要怕》里提到，“回忆”的英文是nostalgia，其古希腊字根正是nost-algia（pain of return），即返回过去的苦痛里，这正是负面记忆的沉溺本质。

处理记忆的重点是善用它，而非沉溺。

## 处理情绪

我们首先不想接受的不是坏情绪，而是那个拥有坏情绪的自己，
我们恼恨那个会情绪失控的自己，那个不完美的自己。

那么，该如何处理负面情绪如抑郁、愤怒或不安感呢？

在情绪突击时，我们可以学习情绪的急救方法，让自己尽量克服，坚强自救。譬如从调校呼吸、敲打情绪穴位和使用声音疗法等。这些都能较快速地帮助分散过度集中的情绪能量，令我们能松下来。不过说白了，理论是有的，方法是行的，只是效果并没有百分百保障，因为负面情绪的吓人之处，正是它能蚕食精力，令人筋疲力尽无力反抗，沦为自暴自弃，沉溺不愿醒来。

所以，我们需要经常训练情绪抗敏力，别等到病发时才临时抱佛脚去处理野马般失控的情绪。我们需要靠日常生活上的修养，提高情绪抵抗力，才能改善症状。

有读者说：“我记得你曾写过一句话：‘其实坏情绪只是想找个落脚点而已，接受它，请它走便是了。’可我不懂，我该如何接受它？当

情绪坏到极点时，要么是爆发，要么是静静地流泪。可我永远都是选择后者，我连爆发出来的勇气都没有，只是在内心爆发，然后默默地流泪。我真的不懂怎样去接受坏情绪。”

对，接受才是最难。能接受的话，一切都容易处理和善后。

为什么接受坏情绪那么困难呢？因为**我们首先不想接受的不是坏情绪，而是那个拥有坏情绪的自己，我们恼恨那个会情绪失控的自己，那个不完美的自己。**对，没发生事故时，我们都觉得自己是安好的、稳定的、无辜的，我们都接受这个美好的自己。可是，人的真面目通常不是这个好端端没发生事情的自己，而是那个气动了、心乱了、不稳定、情绪爆发的自己。那个混乱的、分裂的、情绪倾泄的自己，令我们害怕、无助、失控，临界生命危机感。到底，我怎么会变得这样难过和失向呢？为什么我会发疯一样的愤怒或不甘？为什么我会那么介意，甚至恐惧跳进这种情绪的深渊，不能自拔和自救呢？我不是一向很坚强和自信的吗？我接受不了这个失控的自己。

**别把自己想得完美，也别把自己想得更乱。**

**情绪是乱了的气**，像敏感会打喷嚏一样，它是会离开的，离开后它就不是你，所以别担心也别把它贴在自己身上，认同了它就是你、你就是它。**接受它，就是你肯定它出现了而已。不逃避，正确地处理它，它就会离开。**就像感冒了，我们医治它，它便会离开或消失。我们不曾觉得感冒就是我们自己啊，我们不会因为感冒而否定自己的，是吗？同样去处理情绪就是了。

日常从食疗或服用营养补充剂调校情绪也是重要的，譬如多吃含高欧米伽3的深海鱼，或服用优质的纯深海鱼油丸，补充所需要修理情绪的EPA脂肪酸。也可以用其他天然的疗法改善情绪，如使用消除紧张、舒缓情绪、减低压力、抗抑郁等的优质纯精油。

**管理记忆、处理情绪、寻求平静是手段也是责任，目的是为做好一个人，处理好事情和人情，减少制造更多余孽和垃圾，让大家都好过，世界变得更好，这才是活着的功德。**

认识和处理情绪是个大课题，关于处理情绪的各种急救和长远方法，将会在我专门谈情绪自疗的作品里详释。

## 接受黑暗面

黑暗是光明的家门，别害怕它。
打开它，看通了，留守成怨恨，翻身就是爱。

我们最难面对的往往是自己的黑暗面，发现原来自己隐藏着这么黑暗的人性暗格，可以那么伤害自己和别人时，难免会陷入恐惧和痛苦中。

没有看清楚自己的我们，总以为自己很好，很合理，甚至很温柔，很有爱心，很慈悲，很宽容，很良善。可是，在利害关头，在灾难或欲望面前，在被伤害的刹那，你隐藏的那些分裂的自己便会跑出来，令你对自己感到陌生，难以置信，甚至不敢接受原来自己可以是这样的。

一般人在没什么难关出现时，都会逃避面对自己根深蒂固的弱点和黑暗面，明知它们在，甚至一直都口里说要清理、要处理，可是拖拖拉拉又是一天，以三千八百种借口叫自己别添烦恼，过得好端端的便别节外生枝。或者大家都很清楚自己没勇气面对，也不想面对，懒得面对。出事再算吧，就是这心态。

然后出事了，你伤害了谁，谁伤害了你，尤其是当你最爱或喜欢的人受害了，被你狠狠刺痛了，甚至想到离开你，你才手忙脚乱地知道原来早应面对和处理，现在却不知所措，心慌意乱，越慌张，越制造更多粗心笨拙的伤害。

原来，我们平常没有处理伤痛的训练，没有面对过自己黑暗的一面和多面，突然发现原来好端端的，不是坏人，比地产商有良心得多的这个自己，也可以因为贪婪、说谎、自私、妒忌、仇恨、怒气、邪念等而毁掉别人的一生。面对自己如此丑陋的黑暗面，我们怕得要死，不懂应对，换来自我否定或自暴自弃，这是最危险的时候。你可能会绝望，或变得迷信，或助长了对立思想的心魔，说服自己其实也没什么大不了，继续行凶或逃避。

黑暗面是提醒我们别再逃避长大，要正视人性的脆弱，学习坚强、定力和良善，接受自己的好坏，谦虚地改善自己，为自己闯下的人祸善后。

**黑暗是光明的家门，别害怕它。打开它，看通了，留守成怨恨，翻身就是爱。**

○　○　○

# 定期清理自己

清静的条件在于清。清理也是静心的方式。

自疗是从清理自己开始，一步一步仔细地、耐心地替自己逐一清理长久的压抑、积藏在内心和身体的垃圾，但也别忽略了同时清理身边的环境。

看一个人的家放了什么、放成怎样，便能看到他体内也放了什么、放成怎样。

凌乱的人，需要摆放和被很多对象包围着的人，其实都欠缺自我管理的意识，也通常欠缺安全感。其实所谓需要很多对象只是概念，或是被集体催眠影响，譬如电视机需要电视柜，衣服需要衣柜，甚至睡觉需要床等，不是必然的需要。有没有想过，你可以改变生活作息中所谓的需要，从清理开始，减少拥有，反而更能培育安全感？

把家变成营地，享受纯粹空无的清静感，也可以是一种难忘的体验。

定期重设自己习以为常的惯性和环境，譬如坐在地上听音乐，甚至大字形躺在厅中地板看窗外的星星，尝试东南西北不同方位的睡姿，露营一样的自由自在。家，应是自由的终站。

**清静的条件在于清。**清理是重整的第一步。你总有很多原以为很有用、不能丢掉的东西，但细想，一年、两年、三年了，你可曾碰过它们吗？哪怕是书架上的书，你一年内碰过多少本？衣架上的衣服，一年内重复穿过多少件？鞋架上的鞋，一年内重穿过多少双？甚至闭上眼睛，你能记得多少家中物，还有它们存放的位置？四季衣服十件已够，鞋子三双，电脑一部，可能已十分足够。家，可以很空很空。心，可以很清很清。

出走不成的话，你是可以在原地改变空间的，在于你肯放下多少，还执着多少。定期清理自己的好处是帮助你发现自己到底有什么是不能失去的，而所谓不能失去，你到底有没有好好和它相处过，抑或不过是放不下的心理摆设罢了？

**清理也是静心的方式。**

很多人问有什么好方法可以静心，除杂念。我总会建议最简单的方法，不用特地去做什么、不做什么。从你每天其实必须做的事情开始就行。

譬如，其实你每天都应清洁家居，清洁身体。基本的清洁是三岁以后的人都应该学习和养成良好习惯的。我们只被卖沐浴露的广告催眠后觉得应乖乖地每天洗澡，不洗会觉得不舒服。但我们会觉得每天清洁家居是烦事，可拖则拖，还用大条的道理解释是因为日常工作已太累，没时间也没体力，一星期清洁一次也可以吧，那你一星期洗一次澡行吗？

然后日积月累，窗户、大门、地板、桌面、厨厕、窗帘等布满灰尘，闷气、霉气加上你每天带回家的屈气和怨气，令你的小窝变成滋养细菌和负面情绪的温床。这不也正对照你每天懒于清理自己的陋习和关系上产生的矛盾吗?

要静心，除杂念，先从清除内外污垢开始。提起精神去抹窗、除尘，拉开窗帘，打开窗户，让温暖的阳光照进来，替你天然消毒。清理时，你是动员全身的肌肉来运动，你也会变得专注，心容易静下来，杂念也会被你愿意清理的心请走，你会发现前所未有的专注和安静。心情会变得轻松，胸肺也会扩张，手脚在舞动。这就是你最需要的运动，也是最好的静心方法。

清理好房子后，你会看到和听到房子在跟你微笑说“谢谢”，它在发亮，像重新活起来一样，你也感到像替自己清理了一次一样，焕然一新，轻轻松松，一阵微微的幸福感充盈内心，平静和喜悦自然出现。阳光在照顾你，新鲜的空气在爱抚你。房子不再黑暗，你也不再黑暗。你和爱在一起。

还需要往外寻找更多、更复杂的静心方法吗?先做好最基本的、应做的家务，家安了，心也安。

○ ○ ○

# 预留孤独空间

别忘了再累、再没时间，也应每天预留一段完全属于自己的时光，这是很多人都忘记的养生快乐之道。

自爱很具体，由重组生活开始，从管理好作息、能量和情绪，一步一步地自我认识和改善。

自爱是漫长的路，别过于心急要达到什么目的，也别以自爱之名忘记了为自己预留孤独的空间，做些傻傻的事，或是索性什么也不做。

人需要舒闲的空间，让身体和心理回气，休养生息，这是为修养爱做好身心的准备。

独处很重要。当我们需要重新看自己，聆听自己当下真正的需要和意愿时，我们需要在让自己孤独的空间进行，学习、体验跟自己孤独地相处、相爱。

我在《好好修养爱》里提过，孤独可以是一种享受，在心里开花、微笑，办法是让孤独与自爱同行。

自爱的人会感谢孤独为自己带来的方便，更自由自在地活出自己，享受生命，甚至分享快乐，更懂得爱。孤单是懂得独处。能做回自己、安于社群的人，必然先懂得打开自己孤单的空间，多留时间和空间给自己思考、休息、发挥和感受。这样，我们才有时间和空间，学会看、听、说、想和安静，准备好管理自己的条件。

**别忘了再累、再没时间，也应每天预留一段完全属于自己的时光，**

**这是很多人都忘记的养生快乐之道。**每人每天只有二十四小时，如何分配好这二十四小时，便是自我管理的精髓。

孤独的时候，建议和一种安静的纯粹声音一起共振，替自己做静心、安心的疗程。譬如静坐，敲响一个能跟爱的振频136.1赫兹产生共振的铜磬，闭目，轻呼吸，打开皮肤，让纯粹稳定的振频彻底清理和净化身心。这一刻，忘却时间和自己，让身心和宇宙融合为一，生生不息。

○　○　○

# 叁 从修养自爱到大爱

## 修养=调校自己

一个普通人也有能力把垃圾变成正能量，这并不是奇迹，这不过是自我管理和修养的结果。

自爱是一种修养，从最具体的作息生活和调理身体开始。

我们应该怎样协调、调整自己呢？这是需要学习的。

爱自己需要学习调校自己，这是进入修养自己的过程，需要一边修，一边养。

先谈“修”。

**“修”就是进修（学习）、修理、修补。调校自己就是学习照顾自己，修补自己。**

本书由首章开始一直在谈关于“修”的具体程序：学习处理混乱，照顾和尊重自己及别人，学习检阅自己、自我管理，自能好好处理因为混乱、贪欲、懒惰和情绪等问题而令身体、心理和心灵产生的不顺畅，并且清理积压的、隐藏的、累积的杂念、心结和负能量，懂得拒绝认同、关心或附和它们。要不然，我们会不自觉地参与大量复制垃圾的过程，和相同负面振频的人互相传染负能量。

再谈“养”。

“养”就是滋养、培养，是每时每刻、一点一滴地去培育细腻的心和微调细节，让原本粗心的自己变得更细心、更敏感、更温柔。

**“养”需要浸淫，需要时间，需要花一生去投入，这是一生的投**

**资，没有完成期，只有持续期和保育期。**养成滋养的心态，你不会感到负担，反而活在淡淡的幸福中，**你愿意活在每时每刻的修养中，才能活在挥洒的自爱内，而不感到辛苦、压抑、委屈、牺牲或负担。**

### 两大核心原则

*必须先愿意接受自爱和修养两大核心原则，*
*才能踏入修养自己的学习路。*

若我们真心想自爱、修养爱的话，必须先愿意接受自爱和修养两大核心原则，才能踏入修养自己的学习路，检阅、清理、调校和管理自己：

自爱的核心原则：

**1. 答应自己，无论发生什么，都对自己不离不弃，不找任何借口终止自爱**

这世上除了自己外，没有其他人能真的对你不离不弃，爱到死为止。

**2. 热爱生命，尊重生命，分享爱**

我们必须扎根地球，与地球的振频共振，爱地球、爱世人，尊重所有生命。只有相信这种爱的层次和质量，我们才能停止制造垃圾，包括说话、关系、消费、思想、饮食等等，并懂得定期清理自己，把垃圾转化为爱。

修养的核心原则：

**1. 你要先唤醒良知和良心，愿意坚守凭良知做事、凭良心做人的原则，不因外在或内在因素而动摇**

失去这个原则，或者原则轻易动摇的人，自然陷入在第二章所详述的人的三大弱点里：混乱、贪欲和懒惰，难以爱、做好一个人、优化自己和其他生命。

**2. 对自己的情绪、感觉、决定和言行负责任**

这是一个成熟、自爱的人的核心态度。

在自爱的过程中，遇到挫折，想放弃时，我们容易陷入一种错误的想法，就是以为那些自爱的条件和内容，只有圣人才能做得到，我们不过是平凡人，做不到是正常的。

别迷信圣人，圣人根本不存在，它只是概念、想象和欲望投射出来的产品。你要知道并相信，**一个普通人也有能力把垃圾变成正能量，这并不是奇迹，这不过是自我管理和修养的结果，可以通过后天努力、自我反省和投放时间修养得来。**

我们需要修养自己，不只是为了自我提升，也是为了地球。因为我们不够自爱、不够他爱的关系，对世界和地球造成的伤害，已经到了不能不正视和马上修补的临界点。

要注意**别陷入受害者的思想牢笼，也别旨在成为拯救者，在还未整理好、清理好自己前，别逞强要去帮助其他人，堕入滥发爱心和消费慈悲的陷阱。**也应多为生活预留安静的时段，培育自己心清眼亮，才能清楚、知道、明白、看见、听到、行动，照顾好自己，爱好生命。然后，把自己的垃圾转化成爱的能量。

假如我们能认真地去管理作息、能量和情绪，也就是能整合我们的身、心、灵三个层面，就能活出健全的、爱的人生。然后，这爱的振频会引发共振，影响世界，令世界变得更美好。

○　○　○

# 别小看小事情

别小看小事情，小事做不好，做不了大事。

很多人在寻找自己的人生路向时，都会问自己："我到底想做什么？"在问这个问题之前，你应先问一个更关键的问题：**我"能"做什么。更重要的是，你能做"好"什么。**

有一种人总觉得别人不够重视他，也不被尊重，却没做好事情。

举个例子：我有一个年轻女客人，她一直在埋怨老板常常针对她，找麻烦。譬如说，老板叫她去管理办公室内的报告板，她埋怨老板总是嫌她贴通告贴得不好，因为她没把钉子按好，按得不够稳。她说："老板根本看不到我的长处，只管挑剔我，为按钉子这些小事情来责备我。我其实有很多好的想法和点子，他却一点也没听进去。"我告诉她："假如我是你的老板，我可能已把你解雇了，因为你连按一枚钉子这么微小的事情也做不好，我还能把重任交给你吗？你瞧不起最基本的、最微小的工作，怎能承担大事情？粗枝大叶的人，怎能办好大项目？所以，你不合格啊。"

**粗心的人总觉得别人对他不好，以为自己不被重视。别小看每一件小事情，你以为不重要的，其实是最基本的。**

不少人沉醉在以自我为中心的狭窄世界里，目中无人，自以为是。问题是，他们并没有从基础上武装好自己，反而只是态度上的自大、嚣张、逞强、撒野，实际上缺乏踏踏实实、扎扎实实的基本功，可能连最基本、简单和必要的一件事情也办不好，譬如做家务、沟通、写求职信、讲礼貌、守时、收拾等等。一些富二代，或备受家庭照顾的青年或中年一代，被家庭和社会习染了目中无人、不讲谢谢、不让座、开门不管后面跟着的人、不主动帮助老弱等缺乏修养的坏习惯，还自视过高、自觉优秀，未达专业水平，却懒于学习、不想受苦、粗心大意、态度傲慢、不认过失、逃避责任、不可一世、易发脾气、埋怨别人不明白自己，甚至承受不了起码的压力或责备，动不动便寻死、自毁，不爱惜生命，当然也不爱自己。

你能按钉子，但你按好了吗？**别小看小事情，小事做不好，做不了大事。**千万别天马行空地去空想，要认清自己的能力。别以为自己懂很多，你必须一步一步来，别妄想可以一步登天。

同样，**别以为一步就可以改善自己。认识自己才能成长。**

○　○　○

# 虔诚地做好一件事

虔诚地做好一件事，才能修成稳定、踏实、不容易被外界干扰的自己。

谈修养，不得不提一位我很尊敬的尺八老师。他的名字叫冢本竹仙，日本人，是最古老的普化尺八明暗流的传承人。（注：尺八是一千二百多年前由中国传到日本的竹制乐器，洞箫的始祖，后发展成日本的邦乐。）

某年我有缘在杭州跟随冢本老师上过一课，深受裨益。他相当严谨，嘱咐我必须先从根基开始练习，别只追求声音是否好听。连呼吸也没练好、基本音也没吹好的话，那就不是借尺八修行，只不过是在玩，听着也感到羞愧。老一辈的日本人，他们对艺术文化的传承和学习所抱持的尊重和严谨性，是我们望尘莫及的，非常值得我们学习。

他在日本打理一家寺院，吹尺八已有五十多年，现在才感到刚开始摸出尺八的灵性。他说："艺术是有个性在里面的，修行则不行。修行到一定程度，个性需要去掉，只留心性。"

那次亲眼看到某些中国学生学完起来便走开，没有行个礼，没有说声谢，感到很不应该。可老师竟没有半点介怀，默默地继续教下一位，没半句怨言，抱病也不休息。这位年过六十的老师的道行让我敬服。真正的谦虚，就是这种大气。

他不但尺八好，剑道、诗和书法也很棒，却甘于当一个无名的消防员，来中国教授尺八也很纯粹，不要钱，不要名。谁都希望能成为大师，当传人，留名于世，冢本老师却不追求名利，他甚至不愿意让自己跟当代一级尺八大师齐名。他只想默默地、低调地做好一件事，忘名、慎独，把尺八好好地吹、好好地回归中国。

认真地、虔诚地做好一件事，为一件值得做的事奉献自己的一生，静静地，不多想事小事大，是否够伟大，对社会是否有贡献，对地球有什么作用，这是一种情操，也是一种修养，智者的修行境界。

我们都太浮躁，都不够谦卑。不是必须像老师这样才够好，而是这样活的自己，才能修成稳定、踏实、不容易被外界干扰的自己。这样的人，能为自己和别人带来稳定的振频和正能量，平衡混沌的生态，功德无量。

假如我们能专注、带着爱地做好自己想做的事，它的能量自会运转，发放让世界变得更美好的振频和讯息，让靠近的人变得温柔、地方变得纯净、心变得澄明干净。

**一切事物都有自身的振频和轨迹，我们别把自己想得太高深、太关键。你若有完美主义倾向，思前想后，只会一事无成，不过是在浪费生命和地球资源而已，没有牵引生命的流动。**

没有谁比谁有用，无人能预设一件事情的果报。先做个合格的人，凭良心地做，谦虚行动，放下自己，交付大地，你会懂得收放，才能成器，到达真正知道自己是谁、要做什么、不做什么的自如境界。爱，这时才真正发生。

○　○　○

# 做个合格的人

合格意味着你做好本分，用最基本的良知和包容的态度跟自己生活，和别人共处。

先做个合格的人，才有能力去爱。

**合格意味着你做好本分，用最基本的良知和包容的态度跟自己生活，和别人共处。**

管理自己的人才算是成熟的人、愿意长大和负责任的人。我们没必要追求成为伟大、完美、知名的人，先达到做人最基本的要求，做个合格的人，才能多走一步，利己利人，不然只会为别人和世界添麻烦。

**成熟的人会愿意做个更好的人，而非更差的人。要做到，需要修养。**别跟我争论其实人原本已经足够好，要变得更好只是思想游戏或欲望的执着。这是时尚流行的灵性辩论，没意思的。先看清楚自己的真相。能活在自足内，不欠缺也不用变好的是已修成的修道人，我们别一步登天，先落地反省自己，别把自己的道行妙想得太高。

**在和别人"共处"中修养自己**，这是非常重要的。在"前言"里我已说过，一个振频需要和其他共存者产生奥妙和强大的"共"振，才有足够的能量孕育、丰富和进化生命，这奥妙的共振能量才是爱。

有人也许会说："待我清理好、调校好、修养好自己，做到完全合格，保证不再犯错，能散发优质爱的振频后，再去爱别人、照顾别人、跟别人相处吧。"这是幼稚、不切实际，甚至是想逃避的借口。

谈修养、谈爱，离不开一个基本条件：**你要活在人群内，不是独善其身。**

一个人闭关修养自己是没意思的，容易流于孤芳自赏、自我幻想或自欺欺人。离开人群去谈人格的好坏或行为的对错甚至爱，也失去道德价值和意义。要看自己是否真的在修养，就是看自己是否主动地、诚恳地、谦虚地、勇敢地在与别人共处的过程中边学习、边失败、边修正。**在和别人共处中，你才能实实在在地检测自我调校的成果，哪里还粗心、混乱、自私或无知，哪些地方需要微调或大修。**

别以“先修养好自己才去跟别人相处”做逃跑的借口，你不过是在逃避和别人眼对眼、面对面磨合时必然遇到的挫败。别假装是个完美主义者，其实不过是个逃避挫败的懦夫。

**修养中最难觉醒的关卡是言行一致**，所想所写所说所信的是否能真正做到、做好。很多人缺乏觉知力，看不到原来自己道理说得容易，却从没做到。我们可以很容易、很快速地掌握大堆修养和修行的道理，甚至能带着快感地、扬扬自得地复制它们，过老师瘾，把学回来的加工变成自己的人生哲理，向别人宣扬或分享。读过几本谈人生、修行、觉知、内观什么的大师名著、道理和理论，便大仙上身似的以为自己已通透明白，充当专家。可是，能说得出不代表能做得到，甚至想过了便满足了，以为已经做过、做到了。假如我们细心反思，其实我们更多的是讲得出做不到，空谈漂亮大道理令自己感觉良好，或者向别人说教成瘾而已。没有几个人能真正言行一致，时刻觉知自己是否和所想所写所说所信的统合，因为要做到这些，需要非常清晰的心性、强大的勇气、意志和觉知力，不能懒惰，不能自欺，光明磊落。人性中的贪和懒会让人倾向于选择做小人而非君子。所以我们不难发现，说修养、修行的老师或学者们，不少私下的行为和人格正与他们所说的相反。人的分裂不过如是。

修养不是理论，修养永远在生活中、实践中、行动中、反思中，在集体里培养和发芽，这是漫长的学习路，也是不容回避的、唯一能脚踏实地及显示诚意的自我调校方向。

要成为合格的人，先检阅自己是否已做到或拥有以下条件：

1. 对自己负责任

即自我肯定，自我承担，尊重自己，肯定你是谁，对自己的身心状态承担责任。

2. 保存梦想

别忘记曾经拥有的梦想，也别忘了建立梦想，这是保持生命力、青春和自我更生的重要条件，也是滋润生命的重要营养。没梦想的人没有人生动力，死亡意欲也提高，做事欠缺动力，对感情和关系也看得淡然，求生和创新欠积极性，难以达到成功和拥有成就。

3. 问自己最害怕什么

每个人都有某些限制，不管你拥有多强大、聪明或优厚的条件。往往是潜藏的恐惧形成相应的际遇。譬如，越是害怕与人接触的人，越容易在人际关系上碰钉子，越是感到孤独无助，自命不幸。发现自己的恐惧，面对、处理、善后、转化能量，你便能活出崭新的生命。

4. 注意情绪

细心发现和关注自己的情绪状态、历史和周期，细观其反应，你会发现潜藏的病源或失败的源头，有助于改善际遇，步向和平、快乐与平静的人生。

5. 在共处中改进

用谦虚的态度，在和别人共处的磨合过程中，自愿改善自己的弱点，不断学习，追求进步，不满足于停步的安逸。

要看自己是否合格，必须先养成自我反省的美德。不妨自省以下问题：

1. 你多久没有说过“谢谢”？
2. 你多久没有说过“对不起”？
3. 你是否老是觉得社会、家庭、爱人、老师、朋友都不理解你？
4. 你是否觉得谁都不听你说？
5. 你聆听过别人吗？
6. 你的责任是什么？
7. 你的人生有目标吗？
8. 你知道自己的能力吗？
9. 你知道自己的弱点吗？
10. 你知道自己的欲望吗？
11. 你到底有什么用？

12. 你的死穴是什么?

13. 你懒惰吗?

14. 你经常奴役自己,不能停下来休息吗?

15. 你每月花多少钱?知道钱具体花在哪里吗?

16. 你做家务吗?煮过饭给家人吃吗?

17. 你懂得和愿意照顾自己和别人吗?

18. 你身上有多少名牌?

19. 你觉得自己很穷吗?

20. 你觉得自己幸福吗?

**世上没有理所当然的幸福和给予。我们要学懂自我管理,除了让自己做个更好的人、活得更好外,同时也是为别人好。**

也检阅自己是否愿意以下面的方向和目标,开展调校自己、管理自己、惠泽别人的新生命:

1. 愿意爱自己同时学习去爱别人

2. 愿意独立、自处,不只求依赖

3. 学习照顾自己

4. 学习照顾并爱你的家人和伴侣，不等不拖

5. 先改善自己，才有资格向别人提出要求

6. 学习承担责任

7. 对自己的情绪负责任

8. 对自己的言行负责任

9. 愿意管理欲望

10. 学习发掘自己潜藏的好坏，进而发挥或改善自己

11. 先适当地付出，照顾别人的感受

12. 爱地球、环保、拒绝浪费

13. 少说废话，多行动

14. 常怀感恩之心

15. 愿意修养自己的品格和脾性

16. 统合分裂的自己

17. 言行一致，光明磊落

# 从自爱到大爱

人不是单独地活，生命不只为自己。

爱是自我了解和发现的终身旅程。

爱让我们经历成长和改变，尊重生命和自我修养，从自爱步向大爱。

要自爱，**必须先热爱自己的生命，同时不能只爱自己的生命而不爱其他生命。**

自爱，离不开尊重地球和其他生命，把个别的爱提升到众生的大爱，而这修养必须在现实中实践，而非纸上谈兵、说得漂亮的道理。

**人不是单独地活，生命不只为自己。**

**我和你、我和社会、我和地球是一体的，任何一方活得不好，都会影响其他。**

自爱不可能自私。自爱的能量是开放和正面的，自私的能量是封闭和单向的，剥削别人，满足自己。

自爱让人调校自己，重组生活。稳定、能分享的爱的振频，能给我们力量和能力，重组家庭，重组社会，以至于重组地球，尊重生命，分享爱。

带着优化的爱的生命，以能与地球和谐共振的136.1赫兹振频活着的生命，会拒绝制造浪费，顺应自然而改变、发展、进步、延续生命，感恩地回报生命，从自爱走向更大的爱。人与天地，自能生生不息。

## 拒绝制造浪费

浪费的背后，是你变得越来越不懂得珍惜，麻木不仁。你浪费的能量会反过来变成你内在的垃圾。

谈到尊重生命，不能不正视浪费这现象。

这两年，我在全国巡回演讲，演讲的内容，离不开一个关键词：别浪费。

在珠海跟邀请方的同事吃饭时，一位来自东北的男生告诉我，他第一次来广东，奇怪每人外出吃饭，都会剩下食物不吃光，说是“有余”的好兆头。他在东北就不一样，妈妈都要求他把食物全部吃光。

事实上，我们都知道，剩下食物的人不见得因为吃剩而走运，吃光的人也不见得就倒霉。不容置疑的是，剩下食物就是浪费。

那浪费有什么不好？除了谁都应该知道会让地球资源分配不平衡外，其实更导致我们心理不平衡。

浪费，代表你没有管理好自己，产生没有对事情进行善后的惯性和潜意识。

浪费也造成惯性麻木，令你越来越觉得浪费就只是浪费而已，没什么问题，反正人人都是这样。但你要记住，你不是一天浪费，你在持续地锻炼浪费的行为和心态，连锁效应让你也投入浪费其他事情，包括说话、金钱、衣服、感情、时间等等。精神的、物质的、精力的，每天催眠自己去浪费，**浪费的背后，是你变得越来越不懂得珍惜，麻木不仁。**

我没看到一个浪费水和食物、点菜吃不完感到无所谓的人，会珍惜身边爱惜自己的人。你觉得剩下米饭无所谓的话，表示你连爱的能力和深度都有限。如果你继续浪费，你就变成垃圾。你的有多浪费，**你浪费的能量会反过来变成你内在的垃圾。**

多说废话，多添负面情绪，多制造剩食，你的内心便积聚同等分量的垃圾。

**制造垃圾最大的问题，是让我们向潜意识不断添加多余的、没用的、负面的讯息。这些讯息制造更大的混乱，令我们难以自我调整。**

导致情绪问题的其中一个诱因，原是我们没有把旧的垃圾清理掉，同时添加新的垃圾，所以老是斩不断、理还乱。自爱的重要一环，是学懂每时每刻提点自己别不断制造垃圾、不断重想负面的记忆。我们若把坏的、不好的记忆每天不断重复地想和说出来，不断催眠自己和别人的话，我们便建造了一个充满负面情绪、思想和价值观的小世界，这样的你，只会为别人带来负能量，你的存在本身已成为垃圾的一员。你说，是爱还是害?

**通过惯性消费来制造浪费，正是现代人活坏、变得麻木的元凶。**看我们如何在家堆积过多的衣履，往肚子里堆积美食、零食，向脑袋里堆积垃圾思想和说话。能在生活点滴上逐一注意别浪费、别随意消费，**好好对待买回来的东西，跟它建立亲密爱的关系，定时清理，烦恼自能锐减。**减少衣柜里三分之一的衣服，你的负面情绪自能减掉三分之一。

有读者问，是否应像素黑一样对物欲降到最低，积极不消费才能求得心境平静呢?

这是错误的逻辑。**消费没问题，重点在于消费时是否清醒，买回家后是否珍惜。**说白了，我对物质的简朴和爱，不是你想学便能学到的，自问你能穿一条裤子二十年而不腻不多贪吗?你能逐步减少想和说多余的话、买多余的东西，就已能减少浪费。

无须学习谁，**爱你已拥有的，尊重你选择购买的，少添拥有和垃圾，自能活得清爽和知足，带着爱。**

**注意别消费别人的时间，或者让别人浪费你的精神。**叫停那些以倾诉之名每天不断向你发送负面信息，不懂得静下来反省自己的问题的朋友，不然你是害了他，鼓励他盲目看不到自己，听不到自己正在制造垃圾。

别再浪费时间和精力收纳混乱振频的媒体和网络垃圾信息。拒绝关注恶言，别看、别听、别参与讨论或评论，为免参与制造垃圾的行为。

别再以消费之名而浪费，多添垃圾。懂得珍惜我们共同分享的地球资源，才能获得真正的满足和平静。

## 自然=无常

自然的别名也叫“无常”，所谓自然律则并非一条亘古不变的公式，而是在不断变化中自我更新和进化的生态周期。

有些人特别感性、浪漫，有点艺术家脾气，活在自我中心里，性格固执也强硬，不容易听别人的话，也不觉得需要听谁的话，更不喜欢改变自己迁就别人。虽然明知自己有缺点、有毛病，这些缺点和毛病已为自己和别人带来了不快和麻烦，不过，若你劝他们反省自己、改善自己时，他们会钻牛角尖，用自制的逻辑替自己找借口，譬如说：“每个人都是由优点和缺点组成的，甚至人性的黑暗面也是本性的一部分。人要对自己诚实，忠于自己。不是说要活得无为和自然吗？那就不需要改变它，这就是最自然、最好的状态。”

刁蛮任性的人还会这样响应：“我就是这样，那又如何？我是不会改的，这就是我最自然的本性。”

这些人把沟通和改变的可能性关上门，阻止对话和交流。他们追求个人自由自主，所谓崇尚自然，活回自己是合理的吗？他们真是忠于自己，活得诚实吗？

三岁之前，若你有这种态度的话还可以被体谅，但三岁以后你便没资格了，你必须成长和对自己的言、行、想负责任，因为别人需要消耗他们的能量和地球资源去配合、成全或纠正你的任性，你在变相剥削别人，逃避正视自己的问题。

有人会误解修养，以为做回“自己”、顺其“自然”就是最好的，不然修养会变得造作，甚至压抑了“真正的自我”，所以追求自然便可以了，不用刻意修什么、养什么，不符合自然。

**所谓诚实和忠于自己，并没有排斥自我改善的空间和需要，这正是每个人来此生的意义：为成长、蜕变，比上一代活得更好，而非相反。**

**假如个人缺点阻碍了成长，便有责任改进。**

**别滥用“诚实”或借用追求“自然”之名，掩饰你的无知和幼稚。**

别忘了，我们都是由不同的分裂的“自己”合成的。其实我们一直误解了“自然”，“自然”并不是真正的自我。

我们都理解，万事随着自身发展出来的内在存活律则，叫自然。

我们都知道，让自己感到最舒服的状态，就是活得自然，没有勉强，没有难受，随遇而安。这是一种自然的（natural）态度，但并非自然（nature）现象。

**我们追求活得自然，准确一点说，其实是指我们在追求活得自在，而自在并不一定是我们想象中或要求的那种所谓“自然”状态。**我们活得不够自在，遇上太多无奈的事端、勉强的相处、难过的时光，不义的际遇……但看清楚，这不就是活着最自然发生的常态吗？原来，我们其实并不希望活在这种“自然”里。

事实上，就自然定律而言，世上大概只有人类活得最违反自然。**没有一种动物需要追求自然，因为它们怎样进化，也没有脱离自然的轨迹，它们能顺势而行。人类却越走越偏离。**我们所追求的所谓活得舒服自在，背后可能不过是我们没有珍惜自然资源，活在非自然的“消费即浪费”的物欲世界里，讽刺地带来了文明和文化，却牺牲了自然。文明意味着进步，但进步与自然越拉越远。进步的社会大量耗损自然资源，生产非自然的物质和欲望，在人身和心上狂贴超级垃圾，一层一层掩盖了自身发展的自然轨迹。在这种泛滥的生产模式下，地球能活到今天，其实已经相当坚强。

有人觉得自然的东西就是没加工，没加工就是维持原始面貌，不用修补，因为事物根本没有好坏对错。

这想法并不合乎发展原则。他们错了。**自然的道德并不在原始，而在发展，它是带着发展性、成长性的过程，“变化”和“延续”是关键词。**

**因为有变化，所以自然的别名也叫“无常”，所谓自然律则并非一条亘古不变的公式，而是在不断变化中自我更新和进化的生态周期。**自然有其生理周期，星球也会老化甚至会死亡。

自然的拉丁文字根是natura，是本质、本性的意思，也有诞生之意。

自然就如古希腊字母列第一个（A）和最后一个（Ω）字母一样，是起始（alpha）和终极（omega），生死循环的过程，**经历成长原是自**

**然的核心价值。**

**希望追随自然，活得自然，我们首先要接受万事无常和去道德好坏的演变，接受一切的发生，愿意改善，过程中修得Let Be（自然而然）的心态，乐天安命。重点是，让自己在不断变化中自我更新和进化，而不是任性地漂流，抽离自我调校和尊重别人而谈。**

爱自然，更需要尊重修养大爱，保育让自然发生的一切资源，别浪费，要善待，用良心和爱拥抱自然。

## 感恩，回报生命

感谢供养你活到今天的一切，让你还安好地活着，还有机会修养自己，活得更好。

能活着，已经是爱。我们常常忘记了感谢。

感谢在我的生命中占了很大位置。

爱，就是感谢身边有形无形的人，还有山、水、风、雨、太阳、月亮和土地。我不希望污染地球，不希望浪费生命，也不希望浪费别人的生命。人生如果有成就的话，应该是减少对地球、对环境制造垃圾，包括你说的、想的、吃的。

拥有爱的振频136.1赫兹的人拥有良好的人格，愿意修养自己，回馈地球，回报生命。

**我们常以为自己的问题很大，但放眼看世界，我们其实很渺小。我们能保护好一条小河，已经很有成就、很有爱。**

**一个有用的人，一个成熟的人，必须拥有自己走过的经历，不是走爸妈或谁给你安排的路。**你要活过，一步一步走过去，走出来，不小看小事情，先做好它。

亲身经历，生命才是你的，经历就是你的财富。

一个人是否真有定力、有力量，取决于你遇到难关时怎样度过。细看你一生的阅历，没有经历过难关的人，你看不到他真正的面目，他也看不到自己是谁。你要经历过难关，才能看到自己是不是有用的人，是否能独立处理问题，是否能处变不惊，你是否是你所想象中的那个你。

要给自己挑战，别太安于安逸的生活。

**当你遇上难关而你不懂得面对时，其实你已添加了垃圾，因为你需要别人照顾你，替你清理和承担。**别忘了，我们不是一个人在活着，你活坏，别人也不会好过。

**持续检阅自己能令我们增长智慧，看到困扰和痛苦不过是思绪混乱**

**偏差的结果。**别害怕艰难，我们有条件能令自己清晰、不混乱，虽然这是不容易的，但是我们需要持续地修养。

**我们有太多陋习未清理、未调校、未改善。是调校的过程激发抗拒和惰性的心魔，教你质疑、反辩、想放弃，这才是难关，不是修养本身的方法有多难。**

生命从来不容易，这是客观事实。没有生命是很容易过的，试问地球上哪种生物、哪一条生命是极度容易度过的，能畅顺爽利地过一生，不愁危险或温饱问题的？多涉猎生物科学的知识，能让我们打开视野，具体地看到不同生命的诸多现实和真相。看到生命的奥义和自己的渺小与强大，有助于我们响应生命的价值问题。愿意修养生命，反映了我们愿意如何看待生命的价值和自己的价值。

**别怕做人难，难不是躲到混乱去的借口。**别再问愚笨和误导思想的问题，才不致容易被人影响或怂恿去消费物资和生命，才不用再问："到底我还要消费多少金钱和青春，才能得到我想得到的东西，才能得到安全感呢？"

在面对别人时，**别迷信任何人**，别只看他们的表面、听他们的话、看他们所写的。这些都可能是假的，都不全面。你要看他是如何活的；

如何做最基本的事情，如吃饭、如对待身边最亲的人和地位最低的人；看他们怎样对待服务自己的用人；看他是否浪费，是否乱买东西、乱花钱，是否很重视面子，渴求被人崇拜；看他在利益当前是否会变脸。

可以的话，**奉献自己**。我们应该让自己健康一点，死后还有健全的器官可以捐赠给别人。别让自己病弱，死后污染土地。能这样活的人，不会害怕什么，也没多添垃圾。

让最简单的事物逗你开心，追求感动生命的傻事，不靠消费，不用花钱，返回纯粹的心去靠近人，靠近爱，你的心自会变软，提升温度和人情味。

**感谢父母把你带来这一生。**

**感谢包容你一切罪业和幼稚、对你不离不弃的爱人，是他通过慈悲的爱教你成长，做个像样的人。你要回报他，不离不弃地，从学习爱的过程中进化人生。**

**感谢供养你活到今天的一切，让你还安好地活着，还有机会修养自己，活得更好。**

没有任何一个人是单独活着的，生命与生命之间有紧密关联。地球是圆的，地球另一边有难，也是我们这边的难。

问自己还害怕什么，面对自己的恐惧，勇敢地走出来，从此学习谦卑，这是你此生的功课。

别怕自己一个人，我们同在一起。

○ ○ ○

# 答应自己

可以现在就答应自己做好以下事情吗?

1. 不再剩下食物或暴饮暴食，珍惜每一滴水。别随便大开水龙头，用够马上关掉。

2. 尊重和珍惜生命和地球资源，尊重大自然原在的地方。别吃野味，残杀动植物，破坏大自然。

3. 把衣履减少三分之一，可以送人或转卖。

4. 为弱者、有需要的人、身边的人付出和奉献。别只懂捐钱，用行动做一点事情，譬如对他们抱一下、笑一个，付出劳力和陪伴的时间。

5. 主动报上名字，做个肯定自己、堂堂正正、光明正大的人。

6. 拒绝说谎、自欺欺人、自伤伤人。

7. 停止制造垃圾，包括情感、关系、消费、说话、思想、饮食等。

8. 远离发放负面振频的人和事。

9. 靠近正面的、阳光的能量。

10. 诚实、勇敢地清理自己已播撒但变坏的种子：认错、道歉、善后、负责任。

11. 把内在垃圾转化成爱的力量，并相信自己有能力做得到。

12. 对自己不离不弃，不以任何借口停止自爱。

13. 珍惜无私地包容你、教你成长、做个像样的人的爱侣，对他不离不弃。

14. 孝顺及照顾父母，不等不拖。

15. 感谢供养你活到今天的一切，包括你自己，谦虚活下去。

好好爱生命，爱自己。

○　○　○

**生命短暂，**
**我们连爱好它也来不及，**
**便可能已过完一生，**
**应好好珍惜，**
**别糟蹋它。**

人生最大的成就不是什么，而是少为别人添麻烦，
少为地球添垃圾。

**好好爱、修养爱，**

**在爱中谦虚学习、成长和修行，**

**静放爱的振频，**

**燃亮生命，**

**感恩走过。**

感谢以生命化作纸张成全这本书的大树，

愿我们认真地活好来回报你的爱。

# 心性疗愈·素黑作品

曾经，那个害怕一个人的你，还好吗？

畅销六年、蕴含爱与正能量

帮助亿万人抵御恐惧、无助、失落

**《一个人不要怕》**完美升级版　同期面市！

◎在原版基础上进行修订、增补全新章节

◎新增一辑让你从中反照自己的素黑个人唯美心语写真

◎附赠让你与自己爱在一起的“自爱TA爱”疗愈笔记

**图书在版编目（CIP）数据**

爱在136.1：破解爱之密码的奇妙振频 / 素黑著. — 长沙：
湖南文艺出版社，2013.12
ISBN 978-7-5404-6493-6

Ⅰ. ①爱… Ⅱ. ①素… Ⅲ. ①人生哲学 – 通俗读物
Ⅳ. ①B821-49

中国版本图书馆CIP数据核字（2013）第267255号



**上架建议：心灵成长・励志**

**爱在136.1：破解爱之密码的奇妙振频**

**作　　者：**素　黑
**出 版 人：**刘清华
**责任编辑：**薛　健　刘诗哲
**监　　制：**陈　江　毛闽峰
**特约策划：**李　娜
**特约编辑：**杨　旸
**营销编辑：**肖云柯　袁　玥
**特约设计：**茵　曼
**封面及插图摄影：**新青年广告
**出版发行：**湖南文艺出版社
（长沙市雨花区东二环一段508号　邮编：410014）
**网　　址：**www.hnwy.net
**印　　刷：**三河市鑫金马印装有限公司
**经　　销：**新华书店
**开　　本：**880mm × 1270mm　1/32
**字　　数：**200千字
**印　　张：**8.25
**版　　次：**2013年12月第1版
**印　　次：**2013年12月第1次印刷
**书　　号：**ISBN 978-7-5404-6493-6
**定　　价：**38.00元
（若有质量问题，请致电质量监督电话：010-84409925）